아·이·야 신앙 가문 세우기

아·이·야 신앙 가문 세우기

지은이 | 유재필
초판 발행 | 2017. 4. 10

등록번호 | 제1988-000080호
등록된 곳 | 서울특별시 용산구 서빙고로65길 38
발행처 | 사단법인 두란노서원
영업부 | 2078-3352   FAX | 080-749-3705
출판부 | 2078-3331

책 값은 뒤표지에 있습니다.
ISBN 978-89-531-2830-9 03230

독자의 의견을 기다립니다.
tpress@duranno.com   www.duranno.com

아 아브라함,

이 이삭,

야 야곱으로 이어진 복의 원리

신앙 가문 세우기

유재필 지음

두란노

contents

1부 축복의 기초
족장들의 신앙은 뭐가 달랐을까?

2부 신앙의 전수

어떻게 신앙의 명문가를 세울까?

3부 축복의 동산

우리 집, 무엇으로 지을까?

아·이·야 신앙 가문,
반드시 세워져야 한다

한국 교회의 침체와 위기가 앞으로 계속될 것이라는 생각과 예측이 지배적입니다. 이를 뛰어넘기 위해서는 반드시 신앙의 계승이 필요합니다.

우리 선조들은 격변의 시기인 생과 사의 갈림길에서도 생명을 바쳐 신앙을 지켰습니다. 그 결과 우리는 순교의 결실과 축복을 누리고 있습니다. 우리 역시 찬란한 내일을 위해 자녀에게 순전한 복음을 심어 주고 물려줘야만 합니다.

지금이야말로 그 어느 때보다 신앙의 교육과 계승이 절실히 요구되는 때입니다.

신앙을 교육하고 계승하기 위해서는 십자가의 복음, 성령의 복음을 통해 예수님을 닮아 가는 삶을 보여 줄 수 있어야 합니다. 삶의 자리에 온전한 모델이 되시는 분은 오직 예수 그리스도 한 분뿐이기 때문입니다.

예수님은 인간의 몸으로 이 땅에 오셨습니다. 우리가 인생길에서 겪는 수많은 문제와 고민과 갈등마저도 동일하게 경험하신 예수님은 마침내 승리하셨고, 인류 구원의 길을 여셨습니다. 그렇기에 신앙의 본질은 예수 그리스도를 닮아 가는 삶을 사는 것입니다.

그런데 지금의 교회는 어떻습니까? 이러한 신앙의 본질을 지키면서 생명력을 간직하고 있습니까? 교회의 생명력은 오직 복음과 말씀입니다. 복음을 상실한 교회는 더 이상 교회가 아닙니다. 복음을 상실하면 생명력을 잃기 때문입니다.

물론 이러한 때를 기회 삼아 부흥과 성장에 매진하는 교회도 많지만, 여전히 본질은 찾지 못하고 세상 사람들의 흥미를 유발하는 프로그램이나 이벤트를 시도하고 있는 교회도 많습니다. 그러나 안타깝게도 세상에는 우리와 비교할 수 없을 만큼 훨씬 더 수준이 높고 차별화된 좋은 프로그램이나 이벤트가 많습니다. 더 이상 '교회의 부흥도 세계적인 저성장 시대라 어쩔 수 없다'라는 핑계 뒤에 숨어서 손을 놓고 있어서는 안 될 것입니다.

　가정도 마찬가지입니다. 인간의 역사는 부부의 사랑으로부터 시작되었습니다. 그러나 세상에서 일어나는 크고 작은 문제의 속을 가만히 들여다보면 그 안에 가정의 문제가 숨어 있습니다. 대부분 역기능 가정에서의 성장과 상처가 모든 문제의 시발점이 되고 있습니다. 상처를 치료받지 못한 부부 사이에서의 갈등이 자녀에게 그대로 상처와 고통이 되는 것입니다.

　하나님이 세워 주신 가정에 회복이 이루어질 수 있다면 이러한 문제는 더 이상 문제가 되지 않을 것입니다. 사랑의 하나님을 아버지로 모신 가정, 행복한 우리 가족이 된다면 가정 안에서의 모든 문제는 치유와 회복이 가능합니다. 따라서 신앙의 대물림은 우리의 사명이 되어야 합니다.

　내 자녀, 내 가족을 위한 인생 최고의 선물은 구원입니다. 다른 무엇과도 비교할 수 없는 최고의 선물입니다. 내 부모, 내 자녀가 구원받지 못해 구원받은 나와 전혀 다른 길을 향해 가고 있다면 이보다 더 큰 아픔과 상처, 불효는 없을 것입니다. 어떠한 인생 경로를 통과하든 상관없이 우리의 인생의 종착역은 천국이 되어야 합니다.

하나님께서는 10만 성도 가족 구원을 통해 가정마다 아·이·야(아브라함·이삭·야곱) 신앙 가문을 세워 하나님의 기업의 상속자가 되도록 저와 순복음노원교회 성도들에게 분명한 꿈과 목표를 주셨습니다. 따라서 우리는 '영혼 구원 10만 성도, 가족 구원으로부터'라는 명제 아래 각 가정마다 아·이·야 신앙 가문을 세우고 만들기 위해 충성을 다하고 있습니다. 실천 방안의 하나로 아·이·야 족장을 세워 그들에게 새로운 임무, 즉 제직들의 가족을 관리하도록 했습니다. 그 이유는 같은 거주지에서 면식이 있을 뿐만 아니라 환경이나 시간의 제약을 받지 않고 자연스럽게 다가갈 수 있는 조건이나 환경이 이미 조성되어 있기 때문입니다. 교구마다 세워진 아브라함 족장, 이삭 족장, 야곱 족장은 나이, 성별 등으로 세분화되어 세대 간의 공감 형성 및 마음을 쉽게 열 수 있는 장점을 발휘하고 있습니다.

아·이·야 신앙 가문 10만 가족의 비전을 향해 달려가는 순복음노원교회는 모든 성도들의 가정이 말씀과 성령 안에서 견고하게 신앙의 뿌리를 내려서 거룩한 하나님의 기업을 이루기를 기대하며 '사랑의 하나님을 아버지로 모신 가정, 행복한 우리 가족'이 되기 위해 애쓰고 있습니다. 또한 족장들은 각자 맡은 자리에서 충성을 다하고 있습니다. 족장으로 임명받은 아브라함 족장(장로) 21명, 이삭 족장(안수집사, 권사) 42명, 야곱 족장(3040세대 남녀) 42명은 순복음노원교회 전 성도의 가정이 아·이·야 신앙 가문으로 든든히 세워지기를 믿고 간구하며 인가귀도(引家歸道)의 사명을 감당하기 위해 힘차게 전진합니다.

항존직이면서 교회에 많은 영향력을 행사하고 있으나 정작 자신의 가정에서는 가족들이 믿음으로 연합하지 못해 어려움을 겪는 사례들이 간혹 눈에 띕니다. 이런 일로 어려워하는 성도들을 보면서 제 마음은 자꾸만 조급해집니다. 그나마 믿지 않는 가족들을 위해 불철주야 기도하던 믿음의 부모나 형제자매가 더 이상 그들 곁에 머무를 수 없게 되었을 때 어느 누가 그들의 영혼을 위해 목숨을 걸고 생명을 바쳐 기도할 수 있겠는가 하는 안타까움이 밀려옵니다.

아브라함을 부르신 하나님께서는 이삭과 야곱과 요셉과 그 형제들에게 계속해서 이어지는 복을 허락하셨습니다. 아브라함과 이삭과 야곱과 요셉은 죽은 자를 살리시고 없는 것을 있는 것같이 부르시는 하나님에 대한 온전한 신앙을 자손들에게 오롯이 전수하였습니다. 이 모든 복은 예수 그리스도를 통해 오늘날 우리에게도 허락되었습니다.

이 책을 읽는 모든 독자들의 가정에도 아브라함의 가정과 같은 신앙 가문을 이루어 자자손손 잘될 뿐만 아니라 요셉같이 형통의 복을 받아 하나님의 기업의 상속자로, 오대양 육대주에 복음을 전하는 하나님의 위대한 도구로 쓰임받게 될 것을 확신합니다. 아·이·야 신앙 가문을 이룬 성도들의 가정마다 '사랑의 하나님을 아버지로 모신 가정, 행복한 우리 가족'이 될 것을 믿어 의심치 않습니다.

2017년 4월
유재필

1부

축복의 기초

족장들의 신앙은 뭐가 달랐을까?

신앙의 전수는

인격으로 하는 것이지

교육이나 훈련으로

하는 게 아닙니다

2009년 어느 날, 교회와 성도들을 위해 간절히 기도하는 가운데 성령의 감동이 밀려왔습니다. 어느새 입에서는 "'아브라함의 하나님, 이삭의 하나님, 야곱의 하나님'이 나의 하나님, 우리의 하나님이 되신다!"라는 고백이 흘러나왔고, 그 고백이 내 심장을 강하게 뒤흔들었습니다. 마치 감전된 것처럼 전율을 느꼈습니다. 조상의 하나님이 그 자손의 하나님이 되어 축복하시고, 조상이 받은 복을 자손들이 받아 누리는 복된 신앙 가문의 모습을 성경 속 족장들의 신앙에서 보게 된 것입니다.

안데르센 동화 가운데 "미운 오리 새끼"라는 이야기가 있습니다. 오리 알 중에 섞여 부화한 아기 백조가 오리들 틈에 끼어 자라면서 겪는 이야기를 담았습니다. 아기 오리들은 키가 작달막하고 털에 기름이 흐르고 아주 다부지게 생겼지만, 백조는 멋없이 껑충하고 털은 까칠하고 정말 볼품이 없었습니다. 아기 오리들은 자기들과 다른 외모의 아기 백조를 따돌리고 조롱했습니다.

"어쩌다 너 같은 것이 태어났니? 털은 까칠까칠하고 다리는 막대기처럼 길어. 너 참 한심하게 생겼구나!"

그러던 어느 날 하늘에서 백조 무리가 호숫가로 사뿐히 내려와 앉았습니다. 하얀 털과 날씬한 몸매, 멋지게 내려앉은 자태가 눈이 부시도록 아름다웠습니다. 결국 아기 백조는 자신이 그처럼 아름다운 백조라는 것을 알게 되었고, 오리가 아닌 백조로 아름다운 자태를 뽐내며 하늘을 날게 되었다는 이야기입니다.

정보산업의 발달로 지식이 보편화됨에 따라 우리 사회에 지식인들이 넘쳐 나고 있습니다. 그러나 안타깝게도 OECD에서 자살률 1위인 불행한 나라 중 하나도 역시 대한민국입니다. 이처럼 우리 주변에는 자신이 하늘을 나는 백조인 줄도 모르고 슬픔에 젖어 자학하며 사는 이들이 참 많습니다. 사람이 자신의 가치를 모른다면 얼마나 불행한 일인가요! 우리는 누구입니까? 천지와 우주 만물을 지으신 하나님께서 생명과 바꿔 주신 예수 그리스도로 말미암아 하나님의 자녀가 된 천국 시민권자입니다.

그렇다면 아브라함의 하나님, 이삭의 하나님, 야곱의 하나님은 어떤 하나님이신가요? 아브라함과 이삭과 야곱의 삶이 어떠한 삶이기에 자손 천대까지 복이 이르는 신앙의 명문가를 이루게 되었을까요? 성경 안에서 신앙이 이어지는 축복의 가문에는 어떤 비밀이 있을까요?

족장 시대의 족장들은 부모와 자식의 삶이 서로 맞대고 얽혀져서 삶을 전수했습니다. 그러나 선지자들, 모세나 여호수아 같은 위대한 지도자들은 안타깝게도 자녀와 삶의 접촉점이 없었습니다. 이는 굉장히 중요한 문제입니다.

언제부터인가 한국 교회는 인격과 인격이 만나 서로 교제하고 사랑하면서 만들어 내는 신앙의 전수가 빛이 바래고 필요성조차 세월 속에 도태되고 있습니다. 성경에서도 선지자나 위대한 지도자의 자녀가 부모의 영향을 받아 하나님을 잘 섬기기보다는 오히려 부모에게 누를 끼치는 사례가 비일비재합니다. 그러나 족장 시대의 족장들은 좌충우돌하면서도 결국은 삶 속에서 자녀에게 신앙을 전수하였습니다.

인간에게 있어 가장 큰 축복은 '우리 하나님은 아브라함의 하나님, 이삭의 하나님, 야곱의 하나님입니다'라는 믿음의 고백을 할 수 있는 것입니다. 창세기 속 족장들의 하나님이 나의 하나님임을 믿음으로 고백하는 것이 나와 우리 가족 그리고 성도들에게 가장 필요한 신앙입니다.

이러한 신앙의 전수는 인격으로 하는 것이지 교육이나 훈련으로 하는 게 아닙니다. 너무나 안타까운 현실은 사람들이 예리한 비판력은 가졌으나 생명에 대한 경외감을 상실했다는 것입니다.

이제 우리는 아브라함, 이삭, 야곱, 요셉의 삶과 신앙, 믿음의 태도 등을 집중적으로 살펴보면서 신앙의 계승과 함께하시는 하나님의 능력과 역사를 만나게 될 것입니다.

1

아브라함,

현실을 뛰어넘다

내가 너로 큰 민족을 이루고 네게 복을 주어 네 이름을 창대하게 하리니 너는 복이 될지라 너를 축복하는 자에게는 내가 복을 내리고 너를 저주하는 자에게는 내가 저주하리니 땅의 모든 족속이 너로 말미암아 복을 얻을 것이라 하신지라(창 12:2-3)

신앙인의 역사는
모든 것을 내려놓을 때 시작된다

하나님은 아브라함에게 "너는 너의 고향과 친척과 아버지의 집을 떠나 내가 네게 보여 줄 땅으로 가라"(창 12:1)고 말씀하셨습니다.

여기서 '고향'이란 지연 공동체입니다. '친척과 아버지의 집'은 혈연 공동체를 말합니다. 지연과 혈연은 예나 지금이나 사람에게 보호막을 형성해 줍니다. 울타리가 되어 주는 것입니다. 그런데 하나님께서 느닷없이 아브라함에게 나타나셔서 이 모든 것을 떠나 지시할 땅으로 가라고 명령하셨습니다.

아브라함은 묻지도 따지지도 않고 그 명령에 즉각 순종하여 길을 떠났습니다. 하나님께 부름받기 전의 자연인이었던 아브라함은 하나님의 부름을 받고 신앙인 아브라함으로 변화된 것입니다.

아브라함이 하나님의 말씀을 들은 곳은 하란이라는 지역입니다. 하나님은 아브라함에게 그곳을 떠나라고 말씀하십니다. 아브라함은 자기가 갈 곳이 어떤 곳인지도 알지 못한 채 미지의 땅을 향해 길을 떠나야만 했습니다. 하나님은 아브라함의 인생 행로를 정해 주셨습니다. 그는 하나님이 지시하는 대로만 가야 했습니다. 이제 아브라함의 삶은 전적으로 하나님의 손에 온전히 맡겨졌습니다.

이처럼 신앙인이란 혈연, 지연, 학연 등 인간의 수단을 의지하는 사람이 아닙니다. 내가 가진 모든 것을 내려놓고 하나님의 손에 온전히 자신의 삶을 맡기는 것이 신앙인의 삶입니다. 이렇게 하나님께 모든 것을 맡긴 자만이 하나님의 보호 영역 안으로 들어갈 수 있습니다.

인간의 보호 영역과 하나님의 보호 영역은 전혀 다릅니다. 하나님의 보호 영역은 눈에 보이지 않는 세계까지 포함됩니다. 따라서 하나님의 보호 영역 안에 있는 사람은 미래에 대한 확실한 믿음이 있습니다. 이러한 사람이 진실한 신앙인입니다.

참 신앙인의 모습을 최초로 보여 준 사람이 바로 아브라함입니다. 그러므로 아브라함을 믿음의 조상이라고 합니다. 하나님은 아브라함을 복의 근원이라 하셨는데, 이를 다른 말로 하면 믿음의 사람은 곧 복의 사람이라는 것입니다.

믿음은 바라는 것들의 실상이요 보이지 않는 것들의 증거니
선진들이 이로써 증거를 얻었느니라(히 11:1-2)

믿음의 사람들은 '바라는 것들'과 '보이지 않는 것들'을 실제로 보이는 것처럼 바라보며 삽니다. 바라는 것이 무엇입니까? 바로 영생천국입니다. 바라는 것들의 실상이란 영, 혼, 육의 축복입니다. 아브라함은 이러한 믿음의 사람이었기에 갑작스러운 하나님의 명령에도 절대 순종할 수 있었습니다.

또한 하나님께서는 아브라함에게 명령과 함께 약속을 주셨습니다. 그리고 그 약속을 이루셨습니다. 이처럼 하나님의 약속이 성취되어 가는 과정이 바로 신앙의 역사입니다. 그리고 신앙의 역사는 나의 모든 것을 내려놓고 하나님의 지시를 따를 때 시작됩니다. 아브라함 역시 하나님의 명령에 순종했을 때 그를 향한 하나님의 약속, 신앙의 역사가 시작되었습니다.

죽음 후에도
약속은 성취된다

하나님께서는 아브라함에게 굉장한 약속을 하십니다. 이는 아브라함의 노력이나 요구가 아닌 하나님의 일방적이고 무조건적인 약속입니다. 따라서 이 약속은 하나님을 믿는 자에게 보장된, 변함없이 영원한 하나님의 약속입니다. 마치 조건 없이 우리를 사랑하시고 복을 주시는 하나님의 은혜와 같습니다.

그렇다면 하나님은 아브라함에게 무엇을 약속하셨을까요?

내가 너로 큰 민족을 이루고 네게 복을 주어 네 이름을 창대
하게 하리니 너는 복이 될지라(창 12:2)

첫째, 하나님은 아브라함에게 큰 민족을 이루게 하겠다고 약
속하셨습니다.

아브라함은 하나님의 모든 것을 내려놓고 떠나라는 말씀에
즉각 순종했지만, 그럼에도 많은 우여곡절을 겪어야 했습니다.
하나님은 아브라함이 위기에 부딪혀 믿음이 흔들릴 때 나타나
셔서 "내가 이 땅을 네 자손에게 주겠다" 하고 말씀하셨습니다.
아브라함이 이러한 약속의 말씀을 들었을 때, 그가 있었던 곳은
가나안 사람들이 점령하고 있는 땅이었습니다. 게다가 아브라
함은 70세를, 사라는 60세를 넘긴 나이였습니다. 아브라함과 사
라는 이미 생물학적으로 자녀를 낳을 수 없었습니다. 그런데도
하나님은 아브라함에게 후손에 대한 약속을 주셨습니다. 하나
님의 약속은 우리의 생각, 우리의 시각과 다른 믿음의 세계인 것
입니다.

이 약속은 즉각적으로 성취되지 않았습니다. 아브라함은 10
년이 지나도 아들이 생길 기미가 보이지 않자 너무 답답한 나머
지 자신의 종인 엘리에셀이 자신의 아들인지 하나님께 물었습
니다. 당시에는 양자법이라는 것이 있어서 양자를 들여 자신이
평생 모은 재산을 물려주고 그 양자가 자신의 장례를 책임지게

했습니다. 그러나 하나님은 이 같은 아브라함의 질문에 단호히 아니라고 말씀하셨습니다. 오히려 아브라함에게 별을 바라보게 하시고 자손이 별과 같이 많아질 것이라 말씀하시며 약속을 더 굳게 하셨습니다. 그럼에도 아브라함은 하나님의 약속을 기다리지 못하고 여종 하갈을 통해 이스마엘을 낳았습니다. 그러나 이것은 하나님의 약속과는 상관없는 일이었습니다.

마침내 아브라함은 인간의 능력이 아닌 하나님의 능력으로 100세에 아들을 낳았습니다. 드디어 하나님의 약속이 이루어진 것입니다. 그런데 하나님은 아브라함에게 이토록 오랜 기다림 끝에 주신 아들 이삭을 제물로 바치라고 말씀하셨습니다. 아브라함에게 이삭이 얼마나 귀한 아들이었겠습니까? 그러나 놀랍게도 아브라함은 주저하지 않고 하나님의 명령에 순종했습니다. 그는 곧바로 아들을 데리고 산에 올라가서 아들을 묶었습니다.

하나님께서 왜 아브라함에게 하나밖에 없는 아들을 바치라고 하셨을까요? 이는 하나님께서 약속으로 주신 아들이 아브라함에게 우상인지 아닌지를 시험하신 사건입니다. 아브라함에게 '네가 의지할 대상이 아들이냐, 하나님이냐?'를 선택하라는 것입니다.

아브라함은 믿음의 조상답게 하나님을 택하는 결단을 보여 주었습니다. 이삭을 바칠 정도의 절대 믿음을 보여 준 것입니다.

그때 하나님께서는 기뻐하셨고 이삭을 살리셨습니다. 그리고 마침내 이삭을 통해 엄청나게 많은 계보를 이으셨습니다. 결국 아브라함의 후손은 이스라엘 민족으로 성장했으며 특히 구약시대 구속사의 주역을 감당하는 존귀한 민족이 되었습니다.

> 이스라엘 자손은 생육하고 불어나 번성하고 매우 강하여 온 땅에 가득하게 되었더라(출 1:7)

둘째, 하나님은 아브라함의 이름을 창대하게 하겠다고 약속하셨습니다.

복의 근원이신 하나님께서는 죄와 저주와 죽음 아래 있는 인간에게 복을 주기 원하십니다. 인간은 복을 찾아 헤매지만 복은 찾아가서 얻는 것이 아닙니다. 또한 우리가 생각하는 복과 하나님이 주시는 복은 개념 자체가 다릅니다. 하나님이 주시는 복은 땅의 복이 아닌 하늘의 복, 현재의 복이 아닌 영원한 복입니다. 세상의 복은 인간의 욕망을 자극하지만, 하나님의 복은 평안입니다. 아브라함에게 허락하신 믿음의 복은 예수 그리스도를 통해 구원을 주시는 하나님의 능력입니다. 하나님으로부터 부름을 받아 하나님의 자녀가 된 것입니다. 하나님 안에서의 삶 자체가 복 중의 복입니다.

이러므로 하나님이 그를 지극히 높여 모든 이름 위에 뛰어난 이름을 주사 하늘에 있는 자들과 땅에 있는 자들과 땅 아래에 있는 자들로 모든 무릎을 예수의 이름에 꿇게 하시고 모든 입으로 예수 그리스도를 주라 시인하여 하나님 아버지께 영광을 돌리게 하셨느니라(빌 2:9-11)

셋째, 하나님은 아브라함을 복의 근원이 되게 하겠다고 약속하셨습니다.

아브라함은 거할 땅 한 평도 없이 떠돌아다니던 사람으로, 어디를 가든 남에게 복이 되는 사람은 아니었습니다. 일정한 정착지조차 없이 유리하는 미약한 상태였습니다. 그러나 지금은 어떻습니까? 우리는 아브라함의 영적 후손으로서 하나님 자녀가 되는 복을 누릴 수 있습니다. 아브라함을 통해서 복 받을 길이 열렸습니다.

사실 이 약속의 성취를 아브라함은 생전에 목격하지 못합니다. 이 약속은 신약에 가서 이루어집니다.

이는 그리스도 예수 안에서 아브라함의 복이 이방인에게 미치게 하고 또 우리로 하여금 믿음으로 말미암아 성령의 약속을 받게 하려 함이라(갈 3:14)

하나님께서 믿음의 조상 아브라함에게 하신 언약 가운데 최고의 언약인 이 약속은 결국 우리 주 예수 그리스도가 우리를 모든 저주에서 해방시켜 주신다는 약속입니다. 예수 그리스도께서 우리를 대신하여 십자가에 매달려 저주를 받으셨기 때문에 이방인들도 예수 안에서 아브라함의 복을 누릴 수 있게 된 것입니다. 아브라함의 복, 즉 천국의 복, 물질의 복, 자손의 복, 장수의 복을 유대인들뿐만 아니라 이방인인 우리도 받을 수 있게 되었습니다. 이는 오직 예수 그리스도 안에서만 가능한 일입니다.

> 내가 내 언약을 나와 너 및 네 대대 후손 사이에 세워서 영원한 언약을 삼고 너와 네 후손의 하나님이 되리라 내가 너와 네 후손에게 네가 거류하는 이 땅 곧 가나안 온 땅을 주어 영원한 기업이 되게 하고 나는 그들의 하나님이 되리라(창 17:7-8)

창세기 22장 18절에서도 "또 네 씨로 말미암아 천하 만민이 복을 받으리니 이는 네가 나의 말을 준행하였음이니라 하셨다 하니라"는 약속을 주셨습니다. 이는 장차 그리스도께서 천하 만민에게 복을 주는 씨로 태어나실 것을 미리 알려 주신 것입니다.

아브라함과 그 자손에게 주신 이 말씀을 통해 우리는 예수 그리스도를 믿음으로 이 언약의 축복을 받을 수 있게 되었습니다.

즉 이 약속은 그리스도 예수 안에서 아브라함의 복이 이방인에게 미치게 하기 위한 것이었습니다. 아브라함과 그 자손에게 주신 약속이 창세기에 모두 기록되어 있습니다.

하나님의 약속은 절대로 땅에 떨어지지 않습니다. 믿고 받아들이는 자 안에서 반드시 성취됩니다. 복 주시는 하나님이 계시기에, 하나님의 은혜가 있기에 복을 받을 수 있는 것입니다. 그러므로 우리는 하나님의 약속을 확실히 믿어 반드시 성취될 그 약속의 후사가 되어야 합니다. 약속은 결국 성취됩니다.

아브라함은 눈에 보이는 현실을 뛰어넘어 하나님의 약속을 믿었고 절대로 흔들리지 않았기에 믿음의 조상이 될 수 있었습니다. 게다가 하나님은 아브라함이 죽은 후에도 그 복을 이삭에게 계승시키셨습니다. 아브라함은 죽었으나 그에게 주셨던 복은 없어지지 않았습니다.

만약 우리 가운데 1대 신앙인이 있다면 아브라함과 같은 믿음을 지닌 사람이 되기를 소망합니다. 하나님의 약속은 계속해서 이어집니다. 우리는 복 받은 사람이요 행복한 사람들이고, 우리의 자녀도 역시 그러합니다.

인간은 주님이 주시는 복을
연료로 살아간다

> 그런즉 믿음으로 말미암은 자들은 아브라함의 자손인 줄 알
> 지어다 또 하나님이 이방을 믿음으로 말미암아 의로 정하실
> 것을 성경이 미리 알고 먼저 아브라함에게 복음을 전하되 모
> 든 이방인이 너로 말미암아 복을 받으리라 하였느니라 그러
> 므로 믿음으로 말미암은 자는 믿음이 있는 아브라함과 함께
> 복을 받느니라 … 율법은 믿음에서 난 것이 아니니 율법을 행
> 하는 자는 그 가운데서 살리라 하였느니라 그리스도께서 우
> 리를 위하여 저주를 받은 바 되사 율법의 저주에서 우리를 속
> 량하셨으니 기록된 바 나무에 달린 자마다 저주 아래에 있는
> 자라 하였음이라 이는 그리스도 예수 안에서 아브라함의 복
> 이 이방인에게 미치게 하고 또 우리로 하여금 믿음으로 말미
> 암아 성령의 약속을 받게 하려 함이라 (갈 3:7-14)

우리는 '살기 위해 먹느냐, 먹기 위해 사느냐' 하는 문제 아닌
문제로 설왕설래합니다. 사람은 살기 위해 먹습니다. 하나님께
서 음식물로 생명을 유지하도록 사람을 지으셨기 때문입니다.
그래서 사람은 자동차가 연료를 엔진에 공급해 그 폭발력으로
움직이듯이 음식물을 통해 에너지를 얻습니다.

만약 휘발유 자동차에 경유를 넣거나, 경유 자동차에 휘발유를 넣으면 어떻게 될까요? 제 기능을 할 수 없습니다. 만에 하나 실수로 연료를 바꿔 넣으면 차가 멈춰 설 뿐만 아니라 엔진도 망가집니다. 자동차의 동력원을 처음부터 주도면밀하게 계획해서 만들었기 때문입니다.

사람도 그렇습니다. 육체가 음식물로 에너지를 얻는다면 우리의 영도 에너지를 얻는 연료가 있습니다. 그것은 바로 하나님이 주시는 복입니다. 하나님의 복을 받아야 살아갈 수 있는 존재가 사람입니다. 그래서 동서고금을 막론하고 사람들은 너 나 할 것 없이 복을 받기 원합니다. 만약 여기에 다른 연료가 들어가게 된다면 문제가 생기게 되는 것입니다.

> 하나님이 그들에게 복을 주시며 하나님이 그들에게 이르시되 생육하고 번성하여 땅에 충만하라, 땅을 정복하라, 바다의 물고기와 하늘의 새와 땅에 움직이는 모든 생물을 다스리라 하시니라(창 1:28)

하나님은 모든 것을 완벽하게 조성해 놓으신 후 하나님의 모양과 형상대로 사람을 만드셨습니다. 사람에게 이 모든 것을 다스리고 정복하며 풍요롭게 살도록 하셨습니다. 그렇기 때문에 사람은 하나님의 뜻대로 하나님께 복을 구하며 살아야 합니다.

그러나 하나님의 말씀에 불순종한 인간은 죄와 사망이 왕 노릇하는 세상에서 살게 되었습니다. 하나님은 사람의 죄악이 세상에 가득하며 모든 생각과 계획이 항상 악할 뿐임을 보시고 사람 지으셨음을 한탄하셨습니다. 그리고 결국 홍수로 세상을 심판하셨습니다.

하나님은 하늘에서 비를 내리시고 땅에서 물이 솟아나게 해 온 지면을 물로 덮으셨습니다. 오직 방주로 들어간 노아와 그의 가족, 방주에 데리고 들어간 생물들과 먹을 양식만 홍수 심판을 면할 수 있도록 하셨습니다. 지면에 물이 마른 후 하나님께서는 그들을 방주에서 나오게 하시고 노아와 그의 아들들에게 복을 주셨습니다.

> 하나님이 노아와 그 아들들에게 복을 주시며 그들에게 이르시되 생육하고 번성하여 땅에 충만하라 땅의 모든 짐승과 공중의 모든 새와 땅에 기는 모든 것과 바다의 모든 물고기가 너희를 두려워하며 너희를 무서워하리니 이것들은 너희의 손에 붙였음이니라(창 9:1-2)

지구상에는 수많은 동식물이 있습니다. 짐승이 사람보다 탁월한 부분이 얼마나 많은지 모릅니다. 그러나 사람에게는 이 모든 것을 다스리고 정복할 수 있는 지혜와 능력이 있습니다. 하나님이 사람에게 복을 주셨기 때문입니다.

아브라함의 믿음을 가진 자는
아브라함의 복을 받는다

갈라디아서 3장은 예수를 주로 믿어 구원받은 자들이 복을 받을 수 있는 근거에 대해 말씀하고 있습니다. 아브라함을 축복하신 하나님이 바로 우리의 하나님입니다. 아브라함에게 허락하신 복을 우리에게도 주시려고 예수님의 십자가로 율법의 저주를 걸어 내셨습니다. 오직 은혜로 복을 받도록 우리에게 은총을 베풀어 주셨습니다.

> 그러므로 믿음으로 말미암은 자는 믿음이 있는 아브라함과 함께 복을 받느니라(갈 3:9)

하나님은 아브라함을 축복하실 때 조건을 내세우지 않으셨습니다. '오직 믿음', '오직 은혜'로 복을 주시기로 작정하신 것입니다. 마찬가지로 하나님은 우리에게 복을 주실 때 율법이나 조건을 제시하지 않으셨습니다. 하나님께서 스스로 아브라함을 택하셨고 복의 모본으로 삼으신 것입니다.

아브라함이 하나님을 믿으매 그것을 그에게 의로 정하셨다
함과 같으니라 그런즉 믿음으로 말미암은 자들은 아브라함의
자손인 줄 알지어다(갈 3:6-7)

유대인들은 아브라함의 후손이라는 사실에 자긍심을 갖고 있
습니다. 혈통적으로 하나님께 택함을 받고 복을 받은 선민이라
는 것입니다. 그러나 사도 바울은 예수를 주로 믿어 하나님의 자
녀가 되는 권세를 얻는 것같이 우리도 예수 안에서 아브라함과
같은 복을 받는다고 로마서 4장과 갈라디아서 3장에서 설명하
고 있습니다.

성경에서 믿음을 말할 때면 어김없이 등장하는 인물이 아브
라함입니다. 가장 핵심적인 내용이 로마서 4장 18-22절 말씀입
니다.

아브라함이 바랄 수 없는 중에 바라고 믿었으니 이는 네 후손
이 이 같으리라 하신 말씀대로 많은 민족의 조상이 되게 하려
하심이라 그가 백 세나 되어 자기 몸이 죽은 것 같고 사라의
태가 죽은 것 같음을 알고도 믿음이 약하여지지 아니하고 믿
음이 없어 하나님의 약속을 의심하지 않고 믿음으로 견고하
여져서 하나님께 영광을 돌리며 약속하신 그것을 또한 능히
이루실 줄을 확신하였으니 그러므로 그것이 그에게 의로 여

겨졌느니라(롬 4:18-22)

아브라함과 그의 아내 사라는 아기를 출산할 수 없다는 사실을 그 누구보다 잘 알았습니다. 하늘의 별과 땅의 모래와 같이 자손을 번성하게 하겠다는 하나님의 약속을 그대로 믿을 수 있는 상황이 결코 아니었습니다. 그러나 이 모든 사실을 잘 알고 있는 아브라함의 믿음은 연약해지지 않았습니다. 오히려 그의 믿음은 더더욱 견고해졌습니다.

살다 보면 감당할 수 없는 고통과 절망이 밀려올 때가 있습니다. 그러나 그때 아브라함과 같이 하나님만 바라보면 기적이 일어납니다. 우리의 형편과 사정은 상관이 없습니다. 죽은 자 가운데서 살리시는 기적, 없는 것 가운데서 있게 하시는 역사가 우리 삶에 일어납니다. 원수의 목전에서 상을 베푸시는 분이 바로 하나님 아버지이시기 때문입니다.

어느 가정의 아이가 귀신이 들려 불과 물을 가리지 않고 넘어졌습니다. 그의 아버지는 백방으로 수소문하며 아들을 고치기 위해 쫓아다녔지만 방법이 없었습니다. 어떤 묘책도, 해결책도 없던 그가 예수님의 소문을 듣자마자 한걸음에 예수님께 달려갔습니다. 지푸라기라도 잡는 심정으로 절박한 마음으로 찾아간 그곳에 예수님은 계시지 않고 제자들만 있었습니다.

한시가 급한 그는 예수님의 제자들에게 자기 아들을 고쳐 달라고 애원했습니다. 제자들은 귀신을 쫓아내기 위해 한참을 기도하며 애썼으나 허사였습니다. 모두 지쳐 가던 그때 예수님이 오셨습니다. 그는 예수님께 무엇을 하실 수 있거든 우리를 불쌍히 여겨 도와 달라고 했습니다.

> 예수께서 이르시되 할 수 있거든이 무슨 말이냐 믿는 자에게
> 는 능히 하지 못할 일이 없느니라 하시니(막 9:23)

사람에게는 한계가 있습니다. 할 수 있는 일과 할 수 없는 일이 분명히 있습니다. 그러나 전능하신 하나님은 무엇이든 하실 수 있습니다. 능하지 못함이 없습니다. 이것을 믿는 자 역시 능히 하지 못할 일이 없습니다.

> 곧 그 아이의 아버지가 소리를 질러 이르되 내가 믿나이다 나
> 의 믿음 없는 것을 도와주소서 하더라(막 9:24)

아버지의 간곡한 요청에 예수님은 귀신을 내어 쫓으셨고 아이는 깨끗하게 치료받았습니다. 아브라함의 믿음이 바로 이것입니다. 하나님께서 자녀 생산이 불가능한 아브라함에게 후손의 번성을 약속하셨습니다. 천국에서 성취될 약속을 하신 것이 아닙니다. 하나님의 말씀은 결코 변개되지 않습니다.

아브라함은 하나님의 약속을 끝까지 믿고 의심하지 않았습니다. 우리 역시 환난, 고난, 역경이 밀려와도 흔들리지 않는 믿음을 가져야 합니다. 그러기 위해서는 예수님의 십자가 위에 우리의 믿음을 올려놓고 요동치지 않게 해야 합니다. 십자가를 든든히 붙잡고 믿음의 선한 싸움에서 승리하면 반드시 믿음대로 이루어집니다.

하나님께서는 율법 이전에 은혜와 믿음으로 아브라함을 축복하셨습니다. 또한 인간이 율법 준수를 통해 복을 받을 수 없기에 예수님을 십자가에 못 박아 죽게 하셨습니다. 율법의 무거운 짐을 걷어 낼 수 있는 사람은 이 땅에 존재하지 않습니다. 모든 저주와 죄를 속량하기 위해 하나님께서 육신의 몸을 입고 이 땅에 오신 것입니다. 예수님 스스로 모든 죄와 저주를 짊어지고 십자가에 매달려 죽으셨습니다.

누구든지 주의 이름을 부르면 구원을 얻습니다. 예수 그리스도를 믿는 자는 아브라함의 자손이 되어 의롭다 함을 얻고 아브라함의 복을 받습니다.

하나님께 택함받은 것이 복의 시작이다

아브라함은 하나님께 택함받을 이유도, 조건도 없었습니다.

우리도 마찬가지입니다. 하나님의 자녀 된 것은 우리의 공로가 아닙니다. 나보다 잘나고 착한 사람은 세상에 얼마든지 있습니다. 구원받은 우리는 믿지 않는 사람보다 별로 나은 것이 없습니다.

그러니 하나님께 택함받은 것이 은혜 중의 은혜입니다. 택함받은 것 자체가 축복의 문이 열렸다는 신호탄입니다. 그리스도인들은 오직 하나님의 은혜와 성령의 역사로 구원받았습니다.

> 너희는 그 은혜에 의하여 믿음으로 말미암아 구원을 받았으니 이것은 너희에게서 난 것이 아니요 하나님의 선물이라 행위에서 난 것이 아니니 이는 누구든지 자랑하지 못하게 함이라(엡 2:8-9)

아브라함은 하나님의 약속대로 그의 이름이 창대하게 되는 복을 받았습니다. 유일신 신앙을 가진 종교는 기독교, 이슬람교, 유대교입니다. 전혀 다른 종교지만 한결같이 자신들의 조상은 아브라함이라고 합니다. 마태복음 1장의 예수 그리스도의 계보는 아브라함으로부터 시작됩니다. 아브라함은 복의 근원이며 믿음의 조상이라는 것을 의미합니다.

아브라함은 재물의 복도 받았습니다. 어느 날 아브라함은 주변국들의 전쟁으로 소돔에 거주하던 조카 롯이 포로로 잡혀갔다는 소식을 듣게 됩니다. 아브라함은 자신의 집에서 훈련시킨 가병 318명을 보내 그를 구출해 냈습니다. 그의 수하에 전쟁을 할 수 있는 장정의 수만 318명이었습니다. 그 외의 사람들과 부녀자들의 수를 합친다면 더 많은 사람을 거느렸을 것입니다. 사람이 부의 지표가 되었던 당시의 상황을 볼 때 아브라함은 분명 부유한 사람이었습니다. 이뿐만이 아닙니다. 아브라함은 자신의 고향, 자신의 족속에게서 며느리를 취하기 위해 종을 보냈습니다. 하나님의 인도하심으로 리브가를 만난 아브라함의 종은 리브가의 오라비인 라반에게 아브라함의 이야기를 합니다. 아브라함은 하나님의 복을 받아 창성하게 되었고, 하나님께서 그에게 소와 양과 은금과 종들과 낙타와 나귀를 주셨다고 했습니다. 올곧은 믿음의 삶을 살아간 아브라함에게 하나님께서는 재물의 복도 허락하셨습니다.

아브라함은 건강과 장수의 복도 받았습니다. 창세기 25장에서 아브라함이 나이 175세가 되어 기운이 다하여 죽었다고 했습니다. 아내 사라는 127세에 죽었습니다. 아브라함은 사라가 죽은 후 재혼을 했습니다. 아브라함이 137세가 넘어 재혼을 하여 40여 년을 더 살면서 아들을 여섯이나 낳았습니다.

성경은 이러한 창대한 복을 아브라함을 통해 우리도 받게 되었다고 했습니다. 예수 믿고 구원받은 성도 한 사람을 통해 온 가족이 구원받고, 자손 천대까지 복을 받는 것입니다. 먼저 구원받은 하나님의 자녀가 축복의 통로가 되어 온 세상이 구원받고 복 받는 것입니다. 이러한 복이 모든 성도들에게도 만세 전에 약속되어 있습니다. 우리가 희망과 꿈을 가지고 입을 넓게 열기만 하면 하나님께서는 차고 넘치도록 채워 주십니다.

복은 오직
하나님께로부터 온다

재수, 삼수 끝에 우리나라 최고의 명문대학교에 합격한 청년이 있습니다. 사람들은 입을 모아 그가 복을 받았다고 했습니다. 그런데 최고의 대학교에 들어가면 복 받은 것입니까? 실제로 빚을 지면서까지 학비를 대 공부하고 박사학위, 석사학위를 따고 해외 유학까지 다녀온 수많은 인재들이 주변의 기대와는 달리 어둠 속에서 방황하곤 합니다. 취업도, 결혼도 포기한 채 몸과 마음을 망치면서 외롭게 살아가는 청년들이 얼마나 많은지 모릅니다. 그런데도 명문대학교에 합격한 것만으로 복을 받았다고 말할 수 있습니까?

복은 환경이나 조건이 아닙니다. 복은 오직 하나님께로부터 옵니다. 예수 믿고 구원받으면 복 받을 사람으로 확정되는 것입니다. 입을 넓게 열고 부르짖으면 기적이 일어납니다. 하나님께서 약속하신 복을 부어 주십니다. 이루어질 때까지 낙망하지 말고 부르짖고 강청하십시오. 원망 불평을 일삼으면 마귀의 노리개가 되고 맙니다.

> 자기 아들을 아끼지 아니하시고 우리 모든 사람을 위하여 내주신 이가 어찌 그 아들과 함께 모든 것을 우리에게 주시지 아니하겠느냐(롬 8:32)

하나님께서는 독생자 예수 그리스도를 우리에게 아낌없이 내어 주셨습니다. 환난이나 역경이 다가와도 낙심하거나 절망할 필요가 없습니다. 죽은 자를 살리시며, 없는 것을 있는 것같이 부르시는 하나님만 믿으면 됩니다. 오직 하나님만 믿고 나가면 넉넉히 이길 수 있습니다. "나는 복 있는 사람입니다. 우리는 행복한 사람들입니다"라는 믿음의 고백이 우리의 심장 속에서 끓어오르고, 흘러넘쳐야 합니다.

하나님께로부터 받은 복과 행복은 그 누구라도 빼앗을 수 없습니다. 원수 마귀를 대적하고 물리치십시오. 예수님의 이름으로 선포하기만 하면 질병과 저주는 떠나갑니다. 하나님께서는 영혼이 잘됨같이 범사가 잘되며 강건하고, 생명을 얻되 풍성히 얻는 축복을 더하여 주실 것입니다.

2

이삭,

묵묵히 따르다

아브라함이 그곳에 제단을 쌓고 나무를 벌여 놓고 그의 아들 이삭을 결박하여 제단 나무 위에 놓고 손을 내밀어 칼을 잡고 그 아들을 잡으려 하니 여호와의 사자가 하늘에서부터 그를 불러 이르시되 아브라함아 아브라함아 하시는지라 아브라함이 이르되 내가 여기 있나이다 하매 사자가 이르시되 그 아이에게 네 손을 대지 말라 그에게 아무 일도 하지 말라 네가 네 아들 네 독자까지도 내게 아끼지 아니하였으니 내가 이제야 네가 하나님을 경외하는 줄을 아노라(창 22:9-12)

순종하지 않는 믿음은
가짜다

창세기 22장은 신앙과 순종에 대한 무한한 상상력을 자극합니다. 아브라함과 이삭의 행동을 보면서 우리는 절대 순종의 의미를 되새기게 됩니다.

이삭은 순종하는 사람이었습니다. 그는 하나님 앞에 죽기까지 순종합니다. 우리는 이삭을 통해 훗날 하나님 아버지의 말씀에 죽기까지 순종하는 독생자 예수 그리스도의 모습을 보게 됩니다. 예수님의 십자가 사건을 미리 보는 것입니다. 이삭은 우리에게 순종의 영성을 보여 주고 있습니다.

이삭은 자신을 번제물로 드리는 절대 순종을 온몸으로 체험했습니다. 번제를 드리러 가자는 아버지 아브라함을 따라 이삭은 모리아 산을 향해 길을 떠났습니다. 평소와는 다르게 아브라함은 아무 말도 하지 않았습니다. 이삭은 다른 때와는 전혀 다른 무엇을 감지할 수 있었습니다. 모리아 산에 다다를 즈음에 이삭이 아브라함에게 물었습니다.

이삭이 그 아버지 아브라함에게 말하여 이르되 내 아버지여 하니 그가 이르되 내 아들아 내가 여기 있노라 이삭이 이르되 불과 나무는 있거니와 번제할 어린 양은 어디 있나이까(창 22:7)

아브라함은 이삭의 질문에 정말 기막힌 대답을 합니다.

아브라함이 이르되 내 아들아 번제할 어린 양은 하나님이 자기를 위하여 친히 준비하시리라 하고 두 사람이 함께 나아가서(창 22:8)

하나님께서 친히 연단하신 아브라함의 믿음은 허상이 아닙니다. 아브라함은 준비해 간 장작을 정성스럽게 쌓기 시작했습니다. 아린 가슴과 떨리는 손으로 뼈아픈 고통을 감내하며 눈물로 제단을 쌓았습니다. 제단을 쌓은 후 아브라함은 이삭을 불렀고 그를 밧줄로 묶었습니다. 그때 이삭은 번제물이 자신임을 깨달았습니다.

성경학자들은 당시 이삭의 나이가 15세 이상은 되었을 것이라고 합니다. 그는 젊은 혈기로 충분히 늙은 아버지를 밀치고 그 자리를 벗어날 수도 있었습니다. 그러나 부모님께 순종을 배운 이삭은 마치 한 마리의 순전한 어린양같이 번제 단 위에 눕혀졌

습니다. 아브라함은 떨리는 손으로 칼을 잡고 이삭을 향해 칼을
내리치려 했습니다. 바로 그때 아브라함에게 하나님의 음성이
들려왔습니다.

> 여호와의 사자가 하늘에서부터 그를 불러 이르시되 아브라함
> 아 아브라함아 하시는지라 아브라함이 이르되 내가 여기 있
> 나이다 하매 사자가 이르시되 그 아이에게 네 손을 대지 말라
> 그에게 아무 일도 하지 말라 네가 네 아들 네 독자까지도 내
> 게 아끼지 아니하였으니 내가 이제야 네가 하나님을 경외하
> 는 줄을 아노라(창 22:11-12)

그리고 하나님은 준비한 것을 아브라함에게 보여 주십니다.

> 아브라함이 눈을 들어 살펴본즉 한 숫양이 뒤에 있는데 뿔이
> 수풀에 걸려 있는지라 아브라함이 가서 그 숫양을 가져다가
> 아들을 대신하여 번제로 드렸더라(창 22:13)

하나님은 예비하시는 하나님입니다.

이삭은 자신이 하나님께 드려질 번제물이라는 사실을 한 순
간도 잊지 않았습니다. 이 사건은 예수님의 십자가 죽음의 예표
입니다.

우리가 살아도 주를 위하여 살고 죽어도 주를 위하여 죽나니 그러므로 사나 죽으나 우리가 주의 것이로다(롬 14:8)

아브라함에게는 믿음의 통로로, 이삭에게는 순종의 통로로 하나님의 복이 쏟아졌습니다.

사무엘이 이르되 여호와께서 번제와 다른 제사를 그의 목소리를 청종하는 것을 좋아하심같이 좋아하시겠나이까 순종이 제사보다 낫고 듣는 것이 숫양의 기름보다 나으니(삼상 15:22)

그가 아들이시면서도 받으신 고난으로 순종함을 배워서 온전하게 되셨은즉 자기에게 순종하는 모든 자에게 영원한 구원의 근원이 되시고(히 5:8-9)

하나님을 믿는다면 절대 순종해야 합니다. 그것은 99퍼센트의 순종이 아닙니다. 100퍼센트 온전한 순종이어야 합니다. 죽더라도 순종해야 합니다. 사람은 자신의 경험과 생각과 판단과 지식을 좇아 살아가려고 합니다. 자기의 소견에 옳은 대로 행하며 하나님의 말씀에 순종하지 않는 것이 사람입니다.

내가 증언하노니 그들이 하나님께 열심이 있으나 올바른 지식을 따른 것이 아니라 하나님의 의를 모르고 자기 의를 세우려고 힘써 하나님의 의에 복종하지 아니하였느니라(롬 10:2-3)

예수님을 믿으면서도 언제나 자기주장, 자기 고집, 자기 생각을 따르려는 사람들이 있습니다. 이런 사람에게는 축복의 통로가 열리지 않습니다. 순종하지 않기 때문입니다.

이삭의 순종했던 성품은 성경 속 이야기 분량을 봐도 예측이 됩니다. 창세기에는 아브라함과 야곱에 대한 이야기가 많이 나오는 것에 반해, 이삭에 대한 이야기는 창세기 26장에만 나옵니다. 아브라함과 야곱은 하나님의 훈련 과정에서 수없이 많은 고생을 했습니다. 그래서 할 이야기도 많았습니다. '사연 없는 인생은 없다'라는 말이 있습니다. 사연이 많다는 것은 그만큼 고집이 세고 교만하다는 것입니다. 하나님께서 이런 사람을 순종의 사람으로 만드시는 과정에서 절절한 사연이 생기는 것입니다. 그런데 이삭은 항상 하나님 말씀에 순종하니 고난이 그리 많지 않았습니다. 이삭은 온유하므로 평온한 삶을 살았습니다.

온유한 자는 복이 있나니 그들이 땅을 기업으로 받을 것임이요(마 5:5)

순종은 고난을 통해 배웁니다. 고난의 때를 지난 순종의 사람, 온유한 사람, 겸손의 사람이 땅을 차지합니다.

이삭이 그 땅에서 농사하여 그 해에 백 배나 얻었고 여호와께서 복을 주시므로 그 사람이 창대하고 왕성하여 마침내 거부가 되어 양과 소가 떼를 이루고 종이 심히 많으므로 블레셋 사람이 그를 시기하여 그 아버지 아브라함 때에 그 아버지의 종들이 판 모든 우물을 막고 흙으로 메웠더라 아비멜렉이 이삭에게 이르되 네가 우리보다 크게 강성한즉 우리를 떠나라 이삭이 그곳을 떠나 그랄 골짜기에 장막을 치고 거기 거류하며 그 아버지 아브라함 때에 팠던 우물들을 다시 팠으니 이는 아브라함이 죽은 후에 블레셋 사람이 그 우물들을 메웠음이라 이삭이 그 우물들의 이름을 그의 아버지가 부르던 이름으로 불렀더라 이삭의 종들이 골짜기를 파서 샘 근원을 얻었더니 그랄 목자들이 이삭의 목자와 다투어 이르되 이 물은 우리의 것이라 하매 이삭이 그 다툼으로 말미암아 그 우물 이름을 에섹이라 하였으며 또 다른 우물을 팠더니 그들이 또 다투므로 그 이름을 싯나라 하였으며 이삭이 거기서 옮겨 다른 우물을 팠더니 그들이 다투지 아니하였으므로 그 이름을 르호봇이라 하여 이르되 이제는 여호와께서 우리를 위하여 넓게 하셨으니 이 땅에서 우리가 번성하리로다 하였더라 (창 26:12-22)

이삭은 창세기 속 족장들 가운데 약속의 땅에서 최초로 씨를 뿌린 사람입니다. 이는 생활이 안정되고 큰 굴곡이 없었다는 것을 의미합니다. 본토 친척 아비의 집을 떠난 아브라함, 삼촌 라반의 집에서 20년간 종 같은 생활을 한 야곱, 형들에 의해 이집트에 팔려간 요셉. 모두 먼 타지에서 만만치 않은 인생을 살았습니다. 그런데 이삭만은 약속의 땅에 정착하여 안정된 삶을 살았습니다.

심지어 성경은 이삭이 땅만 팠다 하면 물이 나왔다고 말합니다. 팔레스타인 지역에서 물은 생명 그 자체입니다. 또한 우물을 하나 찾는 것은 거부가 되는 길이었습니다. 이처럼 이삭은 상당한 복을 받고 평탄한 삶을 살았던 사람입니다. 하나님께서 죽기까지 순종했던 이삭에게 평생 평탄한 삶을 살도록 복을 내려 주신 것입니다. 이것이 이삭에게 주신 하나님의 복입니다.

믿음의 통로를 통해 아브라함이 복을 받듯, 이삭은 순종의 통로를 통해 복을 받았습니다. 믿음과 순종은 별개의 것이 아닙니다. 순종과 믿음은 항상 함께 갑니다. 믿는다고 하면서 순종하지 않으면 그 믿음은 가짜입니다. 순종한다 하면서 믿지 않는 것 또한 마찬가지입니다.

민음과 순종으로
복을 누려라

하루는 천사가 마을에 내려와 착한 사람을 찾아 귀한 선물을 주려고 했습니다. 그러나 천사는 깊은 고민에 빠졌습니다. '누가 착한 사람인지 알아야 복을 주지!' 한참을 고민하던 천사는 마을 한가운데 커다란 돌을 갖다 놓았습니다. 돌 때문에 통행이 불편해진 그곳을 지나가는 사람들의 태도를 살펴보기 위해서였습니다. 대부분의 사람들은 불편을 감수하며 그대로 지나쳤습니다. 간혹 돌을 걷어차며 "어떤 못된 놈이 여기다 돌을 굴려다 놓은 거야!"라며 욕설을 퍼붓는 사람도 있었습니다. 때마침 무거운 짐을 지고 가던 한 사람이 돌이 있는 곳으로 성큼성큼 다가오더니 말없이 그 돌을 힘써 치우기 시작했습니다. 돌을 치운 자리에서 보자기 하나가 나왔습니다. 보자기를 열어 본 그는 깜짝 놀랐습니다. 그 안에 금덩어리가 들어 있었기 때문입니다. 금덩어리에 쪽지 하나가 붙어 있었는데 이렇게 적혀 있었습니다.

'누구든지 이 돌을 옮겨 놓는 사람이 금덩어리의 주인입니다- 하늘에서'

말없이 선행을 베푼 그는 천사의 선물로 큰 부자가 되었다고 합니다.

복은 생각이나 말에 있지 않습니다. 묵묵히 실천, 실행하는 사람의 몫입니다. 입술로는 "나는 복 있는 사람입니다. 우리는 행복한 사람들입니다"라고 고백하면서도 자신을 과소평가하고 자학하며 패배의식에 사로잡혀 있는 사람이 있습니다.

모세는 120년 동안 파란만장한 인생을 살았습니다. 당대 최고의 강대국인 애굽의 왕궁에서 40년의 세월을 보냈습니다. 40세부터는 광야에서 처가살이를 하며 고단하고 고독한 삶을 살았습니다. 80세부터 120세까지 40년간은 하나님의 손에 자신의 인생을 맡긴 채로 살았습니다. 그의 삶 자체가 기적입니다. 그러한 모세가 이스라엘을 앞에 두고 이런 유언을 남겼습니다.

> 이스라엘이여 너는 행복한 사람이로다 여호와의 구원을 너 같이 얻은 백성이 누구냐 그는 너를 돕는 방패시요 네 영광의 칼이시로다 네 대적이 네게 복종하리니 네가 그들의 높은 곳을 밟으리로다(신 33:29)

모세는 우리를 향해 행복한 사람이라고 했습니다. 아무것도 아닌 우리를 하나님께서 택해 주셨습니다. 전능하신 하나님을 아바 아버지라 부를 수 있는 자녀가 되는 권세를 주셨습니다. 이보다 더 행복하고 성공한 인생은 세상에 존재하지 않습니다. 그러니 우리는 날마다 "나는 복 있는 사람입니다. 우리는 행복한 사람들입니다"라고 고백하며 믿음으로 하나님이 주시는 복을 누려야 합니다.

하나님이 주신 복을 누리며 행복했던 사람이 바로 이삭이었습니다. 이삭은 아버지의 믿음을 물려받아 축복을 이어받았고, 그 또한 평생 하나님께 순종하며 그 복을 충분히 누렸습니다.

이삭은 아버지로부터
복을 물려받았다

흉년이 들어 거취를 고민하던 이삭에게 하나님께서 말씀하셨습니다.

> 여호와께서 이삭에게 나타나 이르시되 애굽으로 내려가지 말고 내가 네게 지시하는 땅에 거주하라 이 땅에 거류하면 내가 너와 함께 있어 네게 복을 주고 내가 이 모든 땅을 너와 네 자손에게 주리라 내가 네 아버지 아브라함에게 맹세한 것을 이루어 네 자손을 하늘의 별과 같이 번성하게 하며 이 모든 땅을 네 자손에게 주리니 네 자손으로 말미암아 천하 만민이 복을 받으리라 이는 아브라함이 내 말을 순종하고 내 명령과 내 계명과 내 율례와 내 법도를 지켰음이라 하시니라(창 26:2-5)

인생의 갈림길에서 선택의 기로에 서게 될 때 현실과 상황만 주시하면 안 됩니다. 사건과 현상만 바라보지 말고 전능하신 하나님을 바라보아야 합니다. 세상에 귀 기울이지 말고 하나님의 말씀에 절대 순종해야 합니다.

이삭은 아버지 아브라함이 어떻게 하나님께 복을 받았는지, 어떻게 하나님의 보호와 인도를 받았는지, 자신을 어떻게 낳아 길렀는지 생생히 보고 듣고 체험했습니다. 하나님은 무엇보다 먼저 이삭에게 아브라함의 복된 인생을 각인시키셨습니다. 이삭에게 아버지의 믿음의 태도를 반추하도록 하신 것입니다.

혹 나는 별 볼일 없는 집안의 자손이라 복 받기는 틀렸다고 생각하십니까? 걱정하지 마십시오. 아브라함 역시 가문이 좋아서 복을 받은 것이 아닙니다. 그럼에도 하나님께서는 아브라함을 통해 민족과 가문을 세워 주실 것을 약속하셨습니다. 만약 예수를 내 대에서 처음 믿었다면 그때부터 아브라함의 복이 부어지는 것입니다. 가문과 집안에 상관없이 예수를 믿으면 가계에 흐르는 저주가 끊어집니다. 내가 먼저 아브라함의 복을 받아 복된 기업을 세우겠다는 결단을 하십시오.

한 주간지에서 참존 화장품 회장인 김광석 장로의 간증을 읽은 적이 있습니다. 그는 청지기 정신으로 세상을 품으며 화장품 외길 인생을 살아왔습니다. 참존은 하나님이 함께하신 기업이며 독특한 제도와 새로운 제품의 아이디어는 기도하는 가운데 하나님이 주신 지혜에서 비롯되었다고 했습니다.

그런데 사실 그는 열렬한 불교신자였습니다. 1966년 성균관대학교 약학과를 졸업하고 약국을 차려 직접 조제한 피부약으로 엄청난 돈을 벌어들였습니다. 하지만 자신의 조제약을 다른 약국에 판매한 것이 보건관리법에 저촉되어 8억여 원의 벌금형을 받게 되었습니다. 자금난으로 이곳저곳을 전전하다가 한 암자에 들어가 칩거를 하는데, 갑자기 '하나님'이라는 외침이 그의 입에서 나왔습니다. 그는 만약 이 어려움이 하나님이 내리신 시험이라면 꼭 합격할 것이고, 그다음에는 하나님만 믿겠다고 외쳤다고 합니다. 그 순간 불안과 근심이 사라지고 자신에게 기쁨과 평안이 밀려왔다고 그는 고백합니다.

사업 초창기부터 '하나님을 시험하기 위해' 10의 2조를 드렸다고 하는 김광석 장로는 사업 성공 비결을 묻는 사람들에게 일관되게 '십일조, 새벽기도, 청지기 정신'을 말합니다. 한 번도 새벽기도를 거른 적이 없으며, 그의 건강 비결도 새벽기도라고 합니다. 새벽기도를 시간의 십일조라고 생각하는 것입니다. 김광석 회장은 평소 '겸손하고, 하나님만 두려워하자'는 각오로 살아간다고 했습니다.

하나님의 자녀가 된 우리는 아브라함의 복, 이삭의 복이 이방인에게도 약속된 것을 믿어야 합니다. 혈통이나 가문에 상관없이 하나님의 자녀가 되면 아브라함과 이삭의 복이 약속되어 있습니다.

그리스도께서 우리를 위하여 저주를 받은 바 되사 율법의 저주에서 우리를 속량하셨으니 기록된 바 나무에 달린 자마다 저주 아래에 있는 자라 하였음이라 이는 그리스도 예수 안에서 아브라함의 복이 이방인에게 미치게 하고 또 우리로 하여금 믿음으로 말미암아 성령의 약속을 받게 하려 함이라(갈 3:13-14)

아브라함에서 이삭으로 이어지는 축복의 기초를 든든히 세워가고, 믿음과 순종을 이어갈 때 자손 대대로 복을 받습니다.

행복은 물질이나 조건이 가져다주지 않는다

이삭이 나이가 들어 혼기가 찼습니다. 아브라함은 이삭의 아내를 가나안 땅이 아닌 자신의 고향 친족 중에서 고르기를 원했습니다. 신앙을 보존하고 하나님의 언약을 이어가기 위해서입니다.

아브라함은 이삭의 아내를 찾기 위해서 늙은 종 엘리에셀을 자신의 고향으로 보냈습니다. 엘리에셀은 드디어 아브라함의 친동생인 나홀이 기거하는 성에 도착했습니다. 그는 성 밖 우물 곁에 멈춰 섰습니다. 저녁 무렵이면 그곳으로 여인들이 물을 길러 나옵니다. 그때 많은 사람을 만날 수 있고 필요한 정보도 얻을 수 있기 때문입니다. 그는 우물가에서 이삭의 신부를 순조롭게 만날 수 있도록 하나님께 간구했습니다. 아브라함을 떠나올 때도, 최종 목적지에 도착해서도 그는 확신에 찬 기도를 했습니다.

> 그가 이르되 우리 주인 아브라함의 하나님 여호와여 원하건대 오늘 나에게 순조롭게 만나게 하사 내 주인 아브라함에게 은혜를 베푸시옵소서 성 중 사람의 딸들이 물 길으러 나오겠사오니 내가 우물 곁에 서 있다가 한 소녀에게 이르기를 청하건대 너는 물동이를 기울여 나로 마시게 하라 하리니 그의 대답이 마시라 내가 당신의 낙타에게도 마시게 하리라 하면 그는 주께서 주의 종 이삭을 위하여 정하신 자라 이로 말미암아 주께서 내 주인에게 은혜 베푸심을 내가 알겠나이다(창 24:12-14)

기도를 마치기도 전에 한 아리따운 소녀가 물을 길러 오는 모습이 보였습니다. 그는 소녀에게 물을 청했습니다. 소녀는 선뜻 물을 건넸고, 낙타에게도 물을 마시게 하겠다고 했습니다. 낙타 열 마리가 마셔야 하니 보통 양의 물이 아닙니다. 가녀린 여자의 몸으로 우물물을 그렇게 많이 긷는다는 것도 쉬운 일이 아닙니다. 그럼에도 불구하고 소녀는 직접 물을 길어다 낙타에게도 먹였습니다.

엘리에셀은 하나님께서 행하시는 놀라운 일들을 목도하며 넋을 놓고 그녀를 바라보았습니다. 서둘러 물을 길어 집에 가기도 바쁜 시간이건만 험한 수고를 자청하고 나선 것입니다. 젊은 총각도 아닌, 늙은이의 부탁을 아무 조건 없이 들어주었습니다. 분명 이 소녀는 이삭을 위해 하나님께서 예비해 놓으신 배필이라는 확신이 들었습니다. 그녀는 부지런할 뿐만 아니라 외모도 출중하고 행실이나 믿음도 아름다웠습니다. 하나님께서 종의 기도에 응답하신 것입니다.

인생길에서는 그 무엇보다 만남이 중요합니다. 만남은 우리의 인생을 좌우합니다. 누구를 만나느냐에 따라 삶의 질이 달라집니다. 그런데 우리는 만남과 헤어짐조차도 세상의 기준으로 할 때가 정말 많습니다. 서로 사랑하여 결혼하게 되어도 물질, 환경, 조건 등의 문제로 다투다가 이혼하는 경우가 있습니다.

실제로 대학병원 전공의인 남편과 학원 강사인 아내가 양가 부모들에 의해 이혼을 한 사례를 신문에서 보았습니다. 신랑 측 부모가 처음 약속과 달리 병원 개업 자금을 대주지 않은 것에 불평을 하며 그 약속을 어긴 것에 대한 내용증명을 신부 측에 보내 급기야 양가 부모의 다툼으로 번지게 되었고, 이혼 법정에 서게 되었다는 이야기입니다. 이렇듯 서로 마음이 맞는 짝을 만나고 백년해로하며 사는 것이 쉽지 않음에도, 부모가 개입하여 결혼이 깨지는 웃지 못할 상황도 현실에서 왕왕 벌어집니다. 그러나 우리가 반드시 기억해야 할 것은 행복은 물질이나 조건이 가져다주는 것이 아니라는 사실입니다.

하나님께서는 이삭에게 리브가라는 착한 아내를 만나게 해주셨습니다. 그런데 이삭과 리브가는 결혼한 지 10년이 지나도 아기가 생기지 않았습니다. 요즘도 이런 부부가 많습니다. 결혼을 하고도 아기가 생기지 않자 내내 괴로워하다가 의학의 힘을 빌리기도 합니다. 그러나 이삭과 리브가는 서두르지도 않고, 인간적인 어떤 방법도 동원하지 않았습니다. 아버지 아브라함과 어머니 사라가 이삭을 낳기 위해 수많은 인간적인 방법을 썼으나 모든 것이 다 허사였다는 것을 익히 알고 있었기 때문입니다.

이삭과 리브가는 마음과 뜻과 정성을 다해 하나님께 기도했습니다. 기도의 응답으로 결혼한 지 20년 만에 아기를 갖게 되었습니다. 에서와 야곱이라는 아들 쌍둥이였습니다.

이처럼 복의 출발점은 만남입니다. 이삭은 리브가를 만나는 복뿐만 아니라 재물의 복도 받았습니다.

이삭이 그 땅에서 농사하여 그 해에 백 배나 얻었고 여호와께서 복을 주시므로 그 사람이 창대하고 왕성하여 마침내 거부

가 되어 양과 소가 떼를 이루고 종이 심히 많으므로 블레셋 사람이 그를 시기하여(창 26:12-14)

이삭은 하나님께 복을 받아 농사를 지어 그 해 백 배의 결실을 얻었고 마침내 거부가 되었습니다. 그는 수많은 양 떼와 소 떼와 종을 거느렸습니다. 이삭에게 내려 주신 하나님의 복은 상상을 뛰어넘을 만큼 차고도 넘쳤습니다.

이처럼 복과 생명의 근원이신 하나님이 함께하시면 만사형통합니다. 우리 모두 하나님을 경외하고 말씀에 순종하여 아브라함과 이삭의 복을 받아 누리기 바랍니다.

역경의 폭풍우가 몰려올 때가 기도할 때다

하나님을 사랑하는 자가 하나님의 말씀에 순종합니다. 이삭이 그랬습니다. 그는 하나님을 사랑했기에 말씀에 순종할 수 있었습니다. 그래서 이삭은 원수의 목전에서 상을 베푸시는 하나님의 복도 받았습니다.

이삭이 거부가 되니 블레셋 사람들의 시기와 질투, 적대감과 미움이 팽배해졌습니다. 당시 중동지방에서는 우물을 파서 물을 얻는 일이 마치 하늘의 별 따기와 같았습니다. 하나님의 은총이 아니고는 거의 불가능한 일이었습니다. 그러나 이삭이 우물을 파는 곳마다 물이 솟아났습니다. 이를 지켜본 블레셋 사람들은 그를 시기해 그가 판 우물을 막거나 메우더니 급기야 그를 쫓아냈습니다.

우물은 생명과도 같습니다. 이삭은 이미 많은 종을 거느리고 있어 얼마든지 블레셋 사람들과 대적할 수도 있었습니다. 그러나 그는 악을 악으로 갚지 않고 조용히 자신의 터전을 옮겼습니다.

이삭은 쫓기고 쫓겨 르호봇에 이르렀습니다. 그 지역을 바라보니 수많은 소 떼와 양 떼 등 가축을 기르며 살기에 비옥하고 드넓은 땅이었습니다. 블레셋을 도구로 사용하신 하나님의 인도하심으로 이삭은 더 좋은 곳에서 번성하게 하시는 하나님의 손길을 느낄 수 있었습니다.

> 주께서 내 원수의 목전에서 내게 상을 차려 주시고 기름을 내 머리에 부으셨으니 내 잔이 넘치나이다(시 23:5)

환난, 고난, 역경의 폭풍우가 몰아쳐도 낙심하거나 원망 불평하지 마십시오. 책임전가나 변명도 하지 마십시오. 이때가 바로 기도할 때입니다. 원수의 공격 속에서도 묵묵히 잔칫상을 준비하시는 여호와 하나님이 나와 함께하십니다. 밥도 뜸이 잘 들어야 제맛이 납니다. 우리가 말씀을 믿고 순종으로 나아갈 때 하나님은 반드시 우리에게 은혜를 베풀어 주십니다.

3

야곱,

열정을 불태우다

그가 이르되 날이 새려 하니 나로 가게 하라 야곱이 이르되 당신이 내게 축복하지 아니하면 가게 하지 아니하겠나이다 그 사람이 그에게 이르되 네 이름이 무엇이냐 그가 이르되 야곱이니이다 그가 이르되 네 이름을 다시는 야곱이라 부를 것이 아니요 이스라엘이라 부를 것이니 이는 네가 하나님과 및 사람들과 겨루어 이겼음이니라(창 32:26-28)

—

야곱은 기도의 열정을 가지고
노력했다

　야곱은 태생적으로 한계를 가지고 태어났습니다. 쌍둥이 에서의 동생으로 태어난 것입니다. 단 1초라도 먼저 태어났다면 장자의 상속권을 가질 수 있었습니다. 하지만 에서가 먼저 나오는 바람에 장자의 상속권이나 축복권을 갖지 못했습니다. 야곱은 운명적인 한계를 가지고 있었지만 한계를 인정하지 않고 그 한계를 넘어서기 위해 끊임없이 도전하고 부단히 노력했습니다.

　그러나 그의 방법은 옳지 않은 것이었습니다. 야곱은 에서를 속여 그가 가진 장자의 명분을 빼앗았고, 아버지 이삭을 속여 에서의 축복권까지 가로채고 말았습니다. 이것 때문에 집안은 풍비박산이 날 뻔했습니다.

　에서는 자신이 야곱에게 속았다는 사실을 알게 되었습니다. 에서가 야곱에게 복수하려고 한다는 사실을 어머니 리브가가 들었습니다. 에서가 분노에 차올라 야곱을 죽이게 되면 '피의 복수법'에 의해서 야곱의 가장 가까운 친척이 에서를 죽여야만 했습니다. 그대로 놔둔다면 리브가는 남편과 아들 모두를 잃고 과부가 될 신세에 놓일 게 뻔했습니다. 궁여지책으로 리브가는 야곱을 삼촌 라반의 집으로 도망가도록 했습니다.

야곱은 그곳에서 20년 동안 종살이 아닌 종살이를 했습니다. 그러나 야곱은 현실에 안주하지 않았습니다. 불가능한 일에 도전을 했습니다. 그는 이런 열정이 있었습니다. 야곱은 열정의 영성을 가진 기도의 사람이었던 것입니다.

그는 인간이 할 수 있는 최선의 노력을 기울이며 기도했습니다. 얍복 강에서의 야곱을 통해 이런 모습을 알 수 있습니다. 야곱은 하나님의 천사와 씨름을 하여 마침내 승리했고, 그 일을 계기로 그의 성정이 달라졌습니다. 더 이상 형 에서를 만나는 것을 두려워하지 않게 된 것입니다.

> 하나님이 내게 은혜를 베푸셨고 내 소유도 족하오니 청하건대 내가 형님께 드리는 예물을 받으소서 하고 그에게 강권하매 받으니라(창 33:11)

형에게 사기를 쳐서 빼앗은 축복권을 돌려주는 장면입니다. 죄 값을 치른 것입니다. 야곱은 20년 동안 라반에게 사기를 당하면서 달라졌고, 얍복 강 사건을 통해 완전한 신앙인으로 변화되었습니다. 그리고 나서야 야곱의 인생이 평탄해졌습니다.

어떻게 보면 야곱은 주도면밀한 사람이었습니다. 자신이 원하는 것을 얻기 위해 인간적으로 취할 수 있는 모든 행동을 다 취했습니다. 그러나 하나님이 그를 버리지 않으신 이유는, 그는 홀로 남아 기도하는 사람이었기 때문입니다. 그의 주도면밀함은 곧 기도의 열정이었습니다. 그는 언제나 하나님께 기도하며 자신의 한계에 도전했습니다.

기도 없이 인간의 노력에만 의존한다면 이는 바람직한 신앙인의 모습이 결코 아닙니다. 또한 기도했으면 보다 적극적으로 움직여야 합니다. 기도와 노력이 병행되는 사람, 열정을 불태웠던 사람이 바로 야곱이었습니다.

밤에 일어나 두 아내와 두 여종과 열한 아들을 인도하여 얍복 나루를 건널새 그들을 인도하여 시내를 건너가게 하며 그의 소유도 건너가게 하고 야곱은 홀로 남았더니 어떤 사람이 날이 새도록 야곱과 씨름하다가 자기가 야곱을 이기지 못함을 보고 그가 야곱의 허벅지 관절을 치매 야곱의 허벅지 관절이 그 사람과 씨름할 때에 어긋났더라 그가 이르되 날이 새려 하니 나로 가게 하라 야곱이 이르되 당신이 내게 축복하지 아니하면 가게 하지 아니하겠나이다 그 사람이 그에게 이르되 네 이름이 무엇이냐 그가 이르되 야곱이니이다 그가 이르되 네 이름을 다시는 야곱이라 부를 것이 아니요 이스라엘이라 부

를 것이니 이는 네가 하나님과 및 사람들과 겨루어 이겼음이
니라 야곱이 청하여 이르되 당신의 이름을 알려 주소서 그 사
람이 이르되 어찌하여 내 이름을 묻느냐 하고 거기서 야곱에
게 축복한지라 그러므로 야곱이 그곳 이름을 브니엘이라 하
였으니 그가 이르기를 내가 하나님과 대면하여 보았으나 내
생명이 보전되었다 함이더라(창 32:22-30)

고대 마케도니아 왕국의 알렉산더 대왕은 즉위 2년 후 동방
원정길에 나서 중앙아시아, 인도 북서부에 이르는 광대한 세계
제국을 건설했습니다. 그의 동방원정으로 인한 대제국 건설로
동서에 활발한 문물교류의 장이 생겼고, 풍성한 세계 문화의 시
대인 헬레니즘 시대가 열리게 되었습니다.

어느 날 알렉산더 대왕이 자신에게 충성을 다한 참모들을 불
러 모아 이렇게 말했습니다.

"여러분, 참 수고가 많았소. 이제 소원이 있다면 한 가지씩 이
야기를 해보시오."

전쟁에 지친 참모들은 편히 쉴 수 있는 휴가와 고향 방문을
위한 경비지원을 원했고, 어떤 이는 고향으로 돌아가 가족과 함
께 살 수 있는 집 한 채를 소원하기도 했습니다. 그때 데닉이라
는 신하는 알렉산더 대왕에게 특별한 요청을 했습니다.

"대왕이시여, 대왕께서 정복한 나라 중 한 나라를 제게 주십

시오."

참모들은 그의 당돌함에 깜짝 놀라 그를 비난하며 혹시 대왕이 진노하지는 않을까 모두 두려워했습니다. 그러나 알렉산더 대왕은 뜻밖의 대답을 했습니다.

"나라 하나를 그대에게 주겠소. 그대는 나 알렉산더가 나라 하나라도 떼어 줄 수 있을 만한 큰 사람으로 믿었기에 호의를 베푸는 것이오."

여호와 하나님께서는 "네 입을 크게 열라 내가 채우리라"(시 81:10)라고 하셨습니다. 이를 새번역성경에서는 "너희의 입을 크게 벌려라. 내가 마음껏 먹여 주겠다"라고 표현되어 있습니다. 야곱은 입을 넓게, 크게 여는 사람이었습니다. 성경은 이러한 야곱을 주인공으로 한 이야기를 창세기 25~50장까지 기록하고 있습니다.

야곱은 꿈과 목표를 품어 복을 받았다

하나님의 은혜로 결혼하고 20년만에 잉태하게 된 리브가의 태동은 남달랐습니다. 태중의 아기가 서로 싸웠습니다. 두려움과 당혹감에 리브가가 하나님께 나아가 물으니 계시의 말씀을 주셨습니다.

여호와께서 그에게 이르시되 두 국민이 네 태중에 있구나 두
민족이 네 복중에서부터 나누이리라 이 족속이 저 족속보다
강하겠고 큰 자가 어린 자를 섬기리라 하셨더라(창 25:23)

여기에서 "큰 자가 어린 자를 섬기리라"고 기록된 부분을 새
번역성경은 "형이 동생을 섬길 것이다"라고 해석했습니다. 출생
하기도 전에 이미 두 형제가 두 민족으로 나뉘어 반목관계(反目
關係)에 놓일 것이라는 말씀입니다. 리브가는 이를 마음에 두었
습니다.

마침내 리브가가 쌍둥이를 해산했는데 먼저 나온 아이는 몸
이 붉고 전신이 마치 털옷 같았습니다. 곧이어 나온 아이는 먼저
나온 아이의 발꿈치를 잡고 나왔습니다. 이들이 바로 에서와 야
곱입니다.

리브가는 하나님께서 두 아이를 통해 이루고자 하시는 일이
범상치 않음을 알고 있었습니다. 첫째 아들 에서는 넓은 들판을
뛰어다니는 자유분방한 사냥꾼이 되었고, 둘째 아들 야곱은 조
용하고 온화한 사람으로 어머니 곁에서 일을 거들었습니다. 그
러면서 야곱은 리브가를 통해 아브라함과 이삭이 하나님의 복
을 어떻게 받았는지 소상히 듣고 배울 수 있었을 것입니다. 큰
자가 어린 자를 섬길 것이라는 말씀을 가슴에 품은 리브가의 눈
에는 둘째 아들 야곱이 특별해 보였을 것입니다.

리브가에게 야곱은 언제나 복 있는 아이, 복 받을 아이였습니다. 에서는 부모의 허락도 받지 않고 가나안의 이방 여인들과 결혼해 부모의 근심거리가 되었지만, 야곱은 할아버지 아브라함과 아버지 이삭이 받은 하나님의 복을 자신도 받겠다는 생각과 함께 성장했습니다. 자신이 복 받을 사람이라는 것을 가슴에 품고 바라보며 꿈을 꾼 것입니다.

미래에 대한 목표와 함께 꿈과 환상을 품은 사람에게는 반드시 기회가 찾아옵니다. 반면에 아무런 생각 없이 사는 사람에게는 기회가 와도 바람같이 스쳐 지나갑니다. 믿음으로 꿈을 품고 목표를 세워 정진하는 사람은 절대로 기회를 놓치지 않습니다.

어느 날, 사냥을 마친 에서는 피곤에 지친 몸을 이끌고 집으로 돌아왔습니다. 때마침 동생 야곱은 붉은 죽을 쑤고 있었습니다. 에서는 야곱이 만든 죽을 간절히 원했습니다. 야곱은 그 기회를 이용해 장자의 명분을 팔라고 제안을 했습니다.

> 야곱이 죽을 쑤었더니 에서가 들에서 돌아와서 심히 피곤하여 야곱에게 이르되 내가 피곤하니 그 붉은 것을 내가 먹게 하라 한지라 그러므로 에서의 별명은 에돔이더라 야곱이 이르되 형의 장자의 명분을 오늘 내게 팔라 에서가 이르되 내가 죽게 되었으니 이 장자의 명분이 내게 무엇이 유익하리요 야곱이 이르되 오늘 내게 맹세하라 에서가 맹세하고 장자의 명

분을 야곱에게 판지라 야곱이 떡과 팥죽을 에서에게 주매 에
서가 먹으며 마시고 일어나 갔으니 에서가 장자의 명분을 가
볍게 여김이었더라(창 25:29-34)

호방하고 활달한 에서는 장자의 명분을 거리낌 없이 팔아치
웠습니다.

음행하는 자와 혹 한 그릇 음식을 위하여 장자의 명분을 판
에서와 같이 망령된 자가 없도록 살피라(히 12:16)

에서에게 있어 장자의 의미는 죽 한 그릇에 불과했습니다. 그
러나 야곱은 하나님께 복을 받는 것이 일생일대의 중차대한 과
제였습니다. 결국 팥죽 한 그릇에 야곱은 장자 명분을 쟁취하였
습니다.

아버지 이삭은 늙어 기력이 다해 갔습니다. 이삭은 맏아들인
에서를 불러 자신을 위해 사냥하여 자신이 즐겨먹는 별미를 만
들어 가져오면 그 음식을 먹고 마음껏 축복하겠다고 했습니다.
이 말을 엿들은 리브가는 황급히 야곱에게로 달려갔습니다. 그
녀는 둘째 아들 야곱이 아버지 이삭에게 복을 받도록 은밀한 계
략을 세웠습니다.

야곱은 이 모든 일이 발각되어 복이 아닌 저주를 받게 되지는

않을까 염려했습니다. 리브가는 근심하는 야곱에게 만약 이 일로 저주를 받는다면 엄마인 자신에게 돌릴테니 엄마만 믿고 따르라고 했습니다. 리브가는 하나님께서 야곱의 복을 예정해 놓았다는 사실을 이미 알았습니다. 사람의 생각이 아닌 하나님의 생각으로 야곱이 장자의 축복을 받도록 종용한 것입니다.

야곱은 이삭에게 장자의 축복을 받았습니다. 물론 어머니 리브가의 계교 덕분입니다. 뒤늦게 이 사실을 알게 된 에서는 야곱의 속임수가 벌써 두 번째임을 아버지 이삭에게 고했습니다. 야곱에게 속아 죽 한 그릇에 장자의 명분을 판 사건을 이제야 언급한 것입니다. 그러나 다시 생각해 보면 야곱은 에서를 속이지 않았습니다. 장자의 명분을 죽 한 그릇에 팔아치우면서 맹세까지 한 것은 에서였습니다.

결국 장자의 명분에 축복까지 받은 야곱은 에서의 분노를 피해 외삼촌이 살고 있는 하란을 향해 떠났습니다. 야곱은 광야 길에서 풍찬노숙(風餐露宿)을 했습니다. 돌을 베개 삼고, 하늘을 이불 삼아 잠이 들었습니다. 그때 하나님께서 야곱을 만나 주셨습니다.

하나님은 야곱의 행동으로 인해 그의 앞날이 순탄치 않을 것이라고 말씀하지 않으셨습니다. 욕심이 과하다고 책망도 하지 않으셨습니다. 오히려 고민과 번뇌에 휩싸인 야곱에게 위로의 말씀을 주셨습니다.

또 본즉 여호와께서 그 위에 서서 이르시되 나는 여호와니 너의 조부 아브라함의 하나님이요 이삭의 하나님이라 네가 누워 있는 땅을 내가 너와 네 자손에게 주리니 네 자손이 땅의 티끌 같이 되어 네가 서쪽과 동쪽과 북쪽과 남쪽으로 퍼져 나갈지며 땅의 모든 족속이 너와 네 자손으로 말미암아 복을 받으리라 내가 너와 함께 있어 네가 어디로 가든지 너를 지키며 너를 이끌어 이 땅으로 돌아오게 할지라 내가 네게 허락한 것을 다 이루기까지 너를 떠나지 아니하리라 하신지라(창 28:13-15)

하나님께서는 도망자 신세가 되어 두려움에 떨고 있는 야곱에게 말씀하십니다. 어디로 가든 너와 함께하며, 너에게 복을 주겠다는 약속의 말씀입니다.

근심 걱정 무거운 짐 아니진 자 누군가
피난처는 우리 예수 주께 기도드리세
세상 친구 멸시하고 너를 조롱하여도
예수 품에 안기어서 참된 위로 받겠네
_새찬송가 369장 '죄짐 맡은 우리 구주'

'야곱'에는 '발뒤꿈치를 잡다'라는 뜻이 있습니다. 이는 '속이다'를 뜻하는 히브리어 '야아케브'에서 왔습니다. 이름의 뜻도 그렇고, 장자의 축복을 빼앗은 방법도 그러하니 사람들은 야곱을 속이는 자라고 생각합니다. 그런데 하나님께서는 야곱에게 왜 거짓말과 사기를 일삼느냐고 단 한 번도 책망하지 않으셨습니다.

중요한 것은 하나님은 이미 야곱을 향한 복을 예정해 두셨다는 사실입니다. 우리도 마찬가지입니다. 하나님은 우리를 택하시고 구원하셨습니다. 우리는 예수를 주로 믿어 하나님의 자녀가 되었습니다. 주의 이름을 부르기만 하면 구원받고 응답받습니다.

그렇지만 예수를 믿지 않는 사람들은 우리를 멸시하고 조롱합니다. 보이지도 않는 하나님을 믿는 우리를 향해 어리석다며 비난까지 합니다. 물론 그들은 천국과 지옥도 믿지 않습니다. 예수 믿고 구원받았다는 우리의 고백을 매도하며 핍박까지 합니다. 그러나 그런 순간에도 우리는 이미 하나님의 택함받은 하나님의 자녀임을 기억해야 합니다.

물론 세상을 향한 우리의 태도가 교만해져서는 안 됩니다. 우리가 예수님을 믿지 않는 사람들보다 잘나서 찬양과 기도를 하는 것이 아닙니다. 하나님의 은혜로 택함받아 하나님의 자녀가 되었기 때문에 찬양하고 기도하는 것입니다. 마치 부모가 제아무리 못난 자녀라도 사랑으로 양육하는 것처럼, 하나님은 우리를 한없는 사랑으로 돌보십니다.

하나님의 사랑과 은혜 안에서는
인생이 고달프지 않다

야곱은 하나님의 축복을 갈망하며 살았습니다. 그의 가슴속에는 하나님의 복을 받아 큰 민족을 이루고, 자신으로 인해 열방이 복을 받게 될 것이라는 약속의 말씀이 불타오르고 있었습니다.

야곱은 하란에 있는 외삼촌 집에 가까이 이르렀을 때 양 떼를 이끌고 나온 아리따운 처녀 라헬을 만나게 됩니다. 그녀는 야곱의 외삼촌인 라반의 딸이었습니다. 라헬의 인도로 라반을 만난 야곱은 그 집에 머물게 되었습니다.

한 달쯤 지난 어느 날, 라반은 야곱을 찾아와 아무리 생질이라도 무보수로는 일을 시킬 수 없으니 원하는 것을 말하라고 했습니다. 그때 야곱은 마음속의 여인인 외삼촌의 작은 딸 라헬과 결혼을 시켜 준다면 7년간 품삯을 받지 않고 일을 하겠다고 했습니다. 사랑 때문에 '7년간의 무보수 노동'이라는 엄청난 대가를 치르기로 작정을 한 것입니다. 사랑은 엄청난 수고와 대가를 치러도 힘들지도, 어렵지도 않습니다. 한 치의 망설임도, 후회함도 없습니다.

야곱이 라헬을 위하여 칠 년 동안 라반을 섬겼으나 그를 사랑

하나님의 사랑과 은혜와 진리 안에 거하면 결코 인생이 고달프지 않습니다. 기쁨과 희망이 넘쳐 납니다. 사랑은 어떠한 희생도 감내할 수 있습니다. 행복 그 자체입니다.

7년이 수일같이 지나 야곱은 꿈에도 그리던 라헬과 마침내 결혼을 하게 됩니다. 그런데 신혼의 밤을 치른 다음날 아침, 야곱은 매우 당황하고 분개했습니다. 자신과 함께 밤을 보낸 사람이 라헬이 아닌 그의 언니 레아임을 알게 된 것입니다. 배신감과 분노, 좌절로 거칠게 항의하는 야곱에게 라반은 동생을 언니보다 먼저 시집보내지 않는 것이 자신들의 전통적인 관습이라며 딱 잘라 말합니다. 이는 야곱을 자신의 곁에 머물게 하려는 궁색한 변명에 지나지 않았습니다.

라반은 야곱에게 일주일간의 혼인잔치를 채우면 라헬과도 결혼하게 해줄 테니 7년을 다시 봉사하라는 제안을 합니다. 일주일간의 결혼 잔치를 채우지 못하면 레아와의 결혼은 무효가 되기 때문입니다.

누군가를 사랑하면 세월이나 물질, 환경이나 조건은 문제가 되지 않습니다. 주변 사람들의 곱지 않은 시선이나 비아냥거림도 개의치 않습니다. 하나님께서 주신 꿈과 하나님이 함께하신다는 사실을 가슴에 품었기 때문입니다. 우리 역시 야곱과 같은 배짱으로 살아가야 합니다.

14년이 흘러 요셉이 태어나면서 야곱은 라반에게 자신의 아내들과 자식들을 데리고 고향으로 돌아가겠다고 했습니다. 라반은 떠나려는 야곱을 붙잡기 위해 야곱이 정하는 대로 품삯을 주겠다고 했습니다. 그도 그럴 것이, 지금 라반이 누리고 있는 부요함은 지혜롭게 열심히 일해 준 야곱 덕분이었기 때문입니다. 야곱은 외삼촌의 양 떼 중 아롱진 것, 점 있는 것, 검은 것과 염소 중에 점 있는 것, 아롱진 것을 자신의 품삯으로 하겠다고 했습니다. 라반은 흔쾌히 이 제안을 받아들였습니다.

야곱은 버드나무와 살구나무, 신풍나무의 껍질을 벗겨 흰 무늬를 내어 물구유 앞에 세워 놓았습니다. 야곱이 세워 놓은 가지 앞에서 양과 염소들이 새끼를 배기 시작했습니다. 신기하게도 그곳에서 새끼를 밴 것은 모두 얼룩얼룩하고 점이 있고 아롱진 것들을 낳았습니다. 과학적인 논리로는 절대로 이해도, 납득도, 설명도 할 수 없는 일이었습니다. 야곱의 이 방법은 하나님께서 주신 생각입니다.

> 믿음은 바라는 것들의 실상이요 보이지 않는 것들의 증거니
> 선진들이 이로써 증거를 얻었느니라(히 11:1-2)

야곱은 믿음으로 꿈꾸고 바라보아 증거를 얻었습니다. 하나

님의 기적을 기대한 것입니다.

야곱이 큰 부자가 되자 라반의 아들들은 수군거리기 시작했습니다. 그가 아버지 라반의 소유를 빼앗아 많은 재물을 모았다는 것입니다. 라반의 안색도 이전 같지 않았습니다. 같은 환경, 같은 장소에서 살았으나 유독 야곱의 가축들만 튼실하고 건강했습니다. 라반의 아들들이 야곱을 시기질투하게 된 원인이기도 합니다.

야곱은 더는 라반의 집에 머무를 수 없음을 직감했습니다. 마침내 그는 20년간의 하란에서의 생활을 청산하고 귀향길에 올랐습니다. 그의 가족과 모든 소유를 이끌고 고향을 향해 도망치듯 떠났습니다. 야곱의 생애는 도주의 연속이었습니다.

돈, 명예보다
은혜가 먼저다

라반과 갈라선 야곱은 마침내 형 에서를 만나러 가기로 결심합니다. 그런데 에서를 만나러 가는 길이 너무나 두렵고 답답해 꾀를 냈습니다. '돈 앞에 장사 없다'는 생각으로 자신보다 앞서 수많은 가축을 몇 떼로 나누어 보냈습니다. 에서를 만나거든 야곱이 형을 만나러 오면서 먼저 선물을 보낸 것이라고 대답하라고 했습니다. 선물로 형의 노여움이 풀리면 용서와 화해가 가능하리라는 얕은 계략이었습니다. 야곱은 자구책으로 자기 가족과 모든 재산을 자신보다 앞서 보냈습니다.

그날 밤, 야곱은 얍복 강가에 홀로 남았습니다. 그런데 놀라운 일이 벌어졌습니다. 에서의 낯을 피해 고독한 광야 길을 헤매던 야곱에게 하나님이 친히 찾아오셨던 것처럼, 에서와의 만남이 두려워 전전긍긍하는 야곱을 또다시 찾아오신 것입니다. 야곱은 하나님과 밤이 새도록 씨름을 했습니다. 그는 필사적으로 하나님을 부여잡았습니다.

하나님은 이런 야곱의 환도뼈를 쳐서 어긋나게 만들었습니다. 환도뼈가 위골되었지만 야곱은 하나님을 부여잡은 손을 놓지 않았습니다. 하나님은 이제 곧 날이 새니 놓아 달라고 했습니다. 야곱은 축복을 부어 주지 않으면 결코 보내 줄 수 없다고 답했습니다. 그때 하나님이 야곱에게 이름을 물었습니다. 야곱이라 답하니 그의 이름을 이스라엘로 바꿔 주었습니다. 이스라엘은 '하나님과 및 사람으로 더불어 겨루어 이겼다'는 뜻입니다. 자식 이기는 부모 없고, 부모는 자식에게 자신의 심장이라도 떼어 줄 수 있다는 말처럼, 하나님도 야곱에게 그랬습니다.

날이 밝자 야곱은 환도뼈가 위골되어 절뚝거렸습니다. 선물과 함께 먼저 길을 떠난 사람들이 에서가 있는 곳에 다다랐습니다. 에서는 이들 틈에서 야곱을 찾았으나 동생의 모습은 보이지 않았습니다. 곧 뒤따라 올 것이라는 대답만 들을 수 있었습니다.

에서가 눈을 들어 보니 저 멀리서 절뚝거리며 걸어오는 초라한 사내의 모습이 보였습니다. 그 사람은 동생 야곱이었습니다. 에서는 한걸음에 달려가 증오의 대상이던 야곱을 얼싸안고 입을 맞추며 울었습니다. 두 사람은 함께 소리 내어 울었습니다.

에서는 여인들과 아이들을 바라보며 이들은 누구이며, 이 짐 승 떼는 무엇인지 물었습니다. 야곱은 하나님께서 은혜로 주신 자녀와 재산임을 고백했습니다. 에서가 만난 가축 떼는 야곱이 에서에게 주는 선물이라고 했습니다.

> 에서가 이르되 내 동생아 내게 있는 것이 족하니 네 소유는 네게 두라(창 33:9)

에서는 이미 야곱을 용서했습니다. 야곱이 물질로 형의 마음 을 산 것이 아닙니다. 하나님의 은혜가 임할 때 하나님의 긍휼이 임합니다. 문제가 해결되면 막힌 담이 허물어지고 미움과 분노 도 사라집니다. 사람들은 물질로 문제를 해결하려고 합니다. 그 러나 은혜가 먼저입니다.

마리안 앤더슨(Marian Anderson)이라는 미국의 흑인 알토 가수 가 있습니다. 흑인영가의 제1인자로 불렸고 뉴욕 메트로폴리탄 오페라에서 노래한 최초의 흑인입니다. 그녀는 가난한 집안에 서 태어나 어려운 환경 속에서 자랐지만 어려서부터 노래 부르는 일에 특별한 재능을 보였습니다. 그녀의 음악적 소질을 그냥 썩히는 것이 아깝다고 생각한 교회는 그녀를 위해 후원회를 조직하고 공부를 시켰습니다. 이에 힘입어 공부를 마치고 가수가 된 그녀는 뉴욕의 맨해튼 무대에 올라 처음으로 독창회를 열게 되었습니다. 그러나 독창회에 참석한 수많은 백인들이 언론을 통해 악평을 쏟아부었습니다.

"여자의 목소리가 남자의 목소리 같다. 소프라노인지 알토인지 구분이 안 된다."

당시는 백인들이 흑인들을 무시하던 때였으므로 흑인 가수였던 그녀를 더욱 신랄하게 비난했던 것입니다. 사람들의 비난에 마리안의 마음이 무너져 내렸습니다. 그녀는 깊은 실의에 빠졌습니다. 낙심하여 다시는 노래를 부르지 않겠다고 울부짖었습니다. 그때 그녀의 어머니가 그녀를 위로하며 이런 말을 했습니다.

"얘야, 은혜가 위대함보다 먼저 있어야 한단다. 너는 이 사실을 잊지 말아라."

마리안은 어머니가 들려준 귀중한 말을 잊지 않았습니다. 이에 용기를 얻어 마침내 세계적인 가수가 되었습니다.

요즘은 돈 때문에 부모, 자식, 형제, 부부를 죽이는 무서운 세상이 되었습니다. 그러나 하나님의 나라와 의를 구하면 하나님의 복이 따라옵니다. 무엇을 먹을까, 무엇을 마실까, 무엇을 입을까가 먼저가 아닙니다.

> 무리 중에 한 사람이 이르되 선생님 내 형을 명하여 유산을
> 나와 나누게 하소서 하니 이르시되 이 사람아 누가 나를 너희
> 의 재판장이나 물건 나누는 자로 세웠느냐 하시고 그들에게
> 이르시되 삼가 모든 탐심을 물리치라 사람의 생명이 그 소유
> 의 넉넉한 데 있지 아니하니라 하시고(눅 12:13-15)

예수님은 이 말씀에 이어 한 가지 비유를 말씀하셨습니다. 밭
에 소출이 풍성한 어느 부자가 있었습니다. 그는 창고를 크게 짓
고 그곳에 먹을 양식을 저장해 놓은 후 이제는 평생 일하지 않
아도 편히 먹고 살 수 있겠다고 했습니다. 이 모습을 본 하나님
께서 부자에게 말씀하셨습니다.

> 하나님은 이르시되 어리석은 자여 오늘 밤에 네 영혼을 도로
> 찾으리니 그러면 네 준비한 것이 누구의 것이 되겠느냐 하셨
> 으니(눅 12:20)

야곱은 형제간의 문제를 물질로 해결하려고 했습니다. 그러
나 물질로는 용서도, 화해도, 회복도 할 수 없습니다. 이를 아시
는 하나님께서 먼저 야곱을 깨뜨려 겸손한 사람으로 만드셨습

니다.

> 귀인들을 의지하지 말며 도울 힘이 없는 인생도 의지하지 말
> 지니 그의 호흡이 끊어지면 흙으로 돌아가서 그날에 그의 생
> 각이 소멸하리로다 야곱의 하나님을 자기의 도움으로 삼으며
> 여호와 자기 하나님에게 자기의 소망을 두는 자는 복이 있도
> 다(시 146:3-5)

광야와 같은 인생길에 야곱의 하나님을 자기의 도움으로 삼
으며 여호와 하나님께 소망을 두는 자가 복이 있습니다.

> 야곱아 너를 창조하신 여호와께서 지금 말씀하시느니라 이스
> 라엘아 너를 지으신 이가 말씀하시느니라 너는 두려워하지
> 말라 내가 너를 구속하였고 내가 너를 지명하여 불렀나니 너
> 는 내 것이라(사 43:1)

야곱과 이스라엘은 같은 사람을 지칭하며 이스라엘 민족을
의미하기도 합니다. 우리 모두 야곱의 하나님의 복을 받고 살아
가야 합니다. 예수 그리스도 안에서 아브라함의 하나님, 이삭의
하나님, 야곱의 하나님이 나의 하나님이 되십니다.

아브라함이 하나님의 복을 받는 통로가 믿음이었고 이삭은

순종의 통로로 하나님의 복을 받았다면, 야곱에게는 기도가 축복의 통로였습니다.

기도는 자신의 생각과 마음으로 하는 것이 아닙니다. 하나님께서 먼저 야곱을 찾아와 기도하게 하시고, 길을 열어 주시며, 복을 부어 주셨습니다. 고난의 시간에 원망, 불평, 낙심, 절망하면 안 됩니다. 그 순간이 바로 하나님이 기도를 원하시는 시간입니다. 하나님은 기도를 통해 우리를 바른 길로 인도하십니다. 어떠한 상황에서도 믿음으로 인내하고 부르짖어 기도하면 축복의 길이 열립니다. 입을 크게 열고 간절히 부르짖으면 반드시 기적이 일어납니다. 하나님과 씨름해 이긴 야곱과 같이 끈질긴 기도의 사람이 되기를 바랍니다. 나의 인격이나 신앙이 조금 부족해도 상관없습니다. 내가 아직 부족하고, 연약해도 하나님께 간절히 기도하면 예비하신 만복을 부어 주십니다.

4

요셉,

먼저 하나님과 통(通)하다

요셉이 이끌려 애굽에 내려가매 바로의 신하 친위대장 애굽 사람 보디발이 그를 그리로 데려간 이스마엘 사람의 손에서 요셉을 사니라 여호와께서 요셉과 함께하시므로 그가 형통한 자가 되어 그의 주인 애굽 사람의 집에 있으니 그의 주인이 여호와께서 그와 함께하심을 보며 또 여호와께서 그의 범사에 형통하게 하심을 보았더라 요셉이 그의 주인에게 은혜를 입어 섬기매 그가 요셉을 가정 총무로 삼고 자기의 소유를 다 그의 손에 위탁하니 그가 요셉에게 자기의 집과 그의 모든 소유물을 주관하게 한 때부터 여호와께서 요셉을 위하여 그 애굽 사람의 집에 복을 내리시므로 여호와의 복이 그의 집과 밭에 있는 모든 소유에 미친지라 주인이 그의 소유를 다 요셉의 손에 위탁하고 자기가 먹는 음식 외에는 간섭하지 아니하였더라 요셉은 용모가 빼어나고 아름다웠더라(창 39:1-6)

——

하나님과 함께하면
인생의 한계를 뛰어넘는다

요셉은 하나님이 함께하시는 형통의 복을 누렸습니다. 요셉과 함께하시는 하나님을 그의 주인 보디발도 보았을 정도입니다. 보디발은 애굽의 시위대장이었습니다. 그 정도 지위면 자기 소유의 종들을 눈여겨볼 필요도, 이유도 없습니다. 그럼에도 보디발은 여호와께서 요셉과 함께하여 범사에 형통하게 하심을 보았다고 했습니다(창 39:3).

이처럼 하나님이 함께하시면 형통하게 되는 복을 받습니다. 우리는 다른 사람으로부터 "여호와께서 함께하시는 형통한 사람이다"라는 말을 들을 수 있어야 합니다. 나와 함께하시는 하나님을 주변 사람들이 느낄 수 있어야 하는 것입니다.

하나님은 왜 요셉과 함께하셨습니까? 창세기 39장 6절 말씀처럼 요셉의 용모가 빼어나고 아름다웠기 때문입니까? 그렇지 않습니다. 요셉에게는 꿈이 있었습니다. 바로 하나님이 주신 꿈입니다. 하나님은 그 꿈을 이루어 주시기 위해 요셉과 함께하신 것입니다.

요셉과 함께하신 하나님이 우리와도 함께하심을 기억하십시오. 하나님은 세상 끝날까지 우리와 함께해 주시는 분입니다.

그렇다면 하나님께서는 요셉에게 어떤 꿈을 심어 주셨습니까?

요셉의 어머니는 네 명이며 요셉은 야곱의 열두 아들 가운데 열한 번째였습니다. 아버지의 편애로 요셉은 형제들에게 왕따를 당했습니다. 미움의 대상인 그는 꿈도, 미래도, 희망도 없는 암울한 상황이었습니다. 그럼에도 불구하고 요셉은 자신을 미워하는 형들 앞에서 스스럼없이 자신의 꿈 이야기를 했습니다.

> 요셉이 그들에게 이르되 청하건대 내가 꾼 꿈을 들으시오 우리가 밭에서 곡식 단을 묶더니 내 단은 일어서고 당신들의 단은 내 단을 둘러서서 절하더이다 그의 형들이 그에게 이르되 네가 참으로 우리의 왕이 되겠느냐 참으로 우리를 다스리게 되겠느냐 하고 그의 꿈과 그의 말로 말미암아 그를 더욱 미워하더니 요셉이 다시 꿈을 꾸고 그의 형들에게 말하여 이르되 내가 또 꿈을 꾼즉 해와 달과 열한 별이 내게 절하더이다 하니라 그가 그의 꿈을 아버지와 형들에게 말하매 아버지가 그를 꾸짖고 그에게 이르되 네가 꾼 꿈이 무엇이냐 나와 네 어머니와 네 형들이 참으로 가서 땅에 엎드려 네게 절하겠느냐 그의 형들은 시기하되 그의 아버지는 그 말을 간직해 두었더

라(창 37:6-11)

이 일로 형들의 곱지 않은 시선과 야유는 극에 달했습니다. 그러나 아버지 야곱은 요셉의 꿈을 마음에 두었습니다. 야곱 자신도 꿈꾸는 대로 하나님께 복을 받아왔기에 아들의 꿈을 짓밟지 않았습니다. 하나님이 자신에게 주신 꿈을 요셉에게도 주어 열방이 복을 받는 꿈을 이루어 주시리라 생각했습니다.

아버지 야곱이 요셉의 꿈을 마음에 품듯 요셉 역시 그 꿈을 마음에 품었습니다. 형들의 조롱과 비난 앞에서 요셉은 미동도 하지 않았습니다. 형들이 그러면 그럴수록 오히려 그 꿈이 더욱 선명하게 떠올랐습니다. 그 꿈은 한낱 백일몽이 아닙니다. 하나님이 주신 꿈은 잊으려 해도 잊을 수 없고, 지우려 해도 지울 수 없습니다. 시간의 흐름 속에 더욱 생생하고 분명해집니다. 요셉은 하나님이 주신 꿈이 있기에 자신의 환경이나 처지를 비관하지 않았습니다. 오직 하나님이 함께하신다는 믿음이 있었습니다.

어느 날 요셉은 아버지의 심부름으로 형들이 양을 치는 곳을 찾아가게 되었습니다. 형들은 멀리서 오는 요셉을 바라보며 그를 죽이기로 계획을 세웠습니다. 그때 르우벤이 형제들을 말렸습니다. 요셉을 죽이지는 말고 광야의 웅덩이에 던져 넣기만 하자고 했습니다. 요셉의 형제들은 그의 말을 따라 요셉의 옷을 벗긴 후 그를 웅덩이에 던져 넣었습니다.

잠시 후 자리에 앉아 음식을 먹던 형들의 눈에 저 멀리 이스마엘 사람들의 모습이 보였습니다. 애굽과 가나안을 왕래하며 장사를 하는 미디안 상인들이었습니다. 유다는 형제들에게 자신들의 혈육인 요셉을 죽이고 그 사실을 숨긴다면 득 될 것도 없으니 차라리 그를 상인들에게 팔아 버리자고 제안했습니다.

결국 요셉의 형제들은 은 이십에 요셉을 팔았습니다. 미디안 상인들은 요셉을 애굽으로 데려가 바로의 친위대장 보디발에게 넘겼습니다.

형들은 요셉을 버려진 인물로 생각했습니다. 아버지 야곱은 형들이 가져온 요셉의 피 묻은 옷을 보고 그가 죽은 줄 알았습니다. 형들에게는 버려진 동생, 아버지에게는 죽은 아들인 요셉이었지만 하나님은 그와 함께하셨습니다. 요셉이 애굽에서 노예생활을 할 때도 하나님은 요셉과 함께 보디발의 집에 머무셨습니다. 누명을 쓰고 감옥에 들어갔을 때에도 하나님이 그와 함께하시며 은혜를 베푸셨습니다.

바울과 실라도 복음을 전하다 매를 맞아 피투성이가 된 채로 감옥에 갇힌 적이 있습니다. 극심한 고통 중에 하나님을 찬양하며 기도한다는 것은 상상조차 할 수 없는 일입니다. 그러나 그들은 보혜사 성령님이 언제나 자신들과 함께하심을 믿었기에 감옥에서도 찬양하며 기도할 수 있었습니다. 그때 갑자기 큰 지진

이 일어나 옥문이 열리고 바울과 실라의 발을 묶은 차꼬가 풀어졌습니다.

요셉 또한 추악한 누명을 쓰고 감옥에 갇히게 되었습니다. 그때도 하나님은 요셉과 함께하셨습니다. 간수장이 옥중 죄수 모두를 요셉의 손에 맡기고 제반 업무를 처리하도록 했습니다. 그러던 어느 날 요셉은 바로의 꿈을 해석하면서 애굽의 총리가 되었습니다. 요셉이 당대 최강국인 애굽을 다스리게 된 것은 그의 외모나 조건 때문이 아닙니다. 하나님이 함께하셨기 때문입니다. 하나님께서는 끝까지 요셉을 책임지시며 그의 길을 인도하셨습니다.

> 내가 너와 함께 있어 네가 어디로 가든지 너를 지키며 너를 이끌어 이 땅으로 돌아오게 할지라 내가 네게 허락한 것을 다 이루기까지 너를 떠나지 아니하리라 하신지라(창 28:15)

보혜사 성령께서는 절대로 우리를 떠나지 않으십니다. 어떤 처지나 형편에서도 범사를 형통하게 해주십니다. 모든 일에 합력하여 선을 이루십니다. 그 하나님이 함께하셨기에 요셉은 인생의 한계를 뛰어넘을 수 있었습니다.

흔히 쓰는 말 가운데 '뛰어 봤자 벼룩'이라는 말이 있습니다. 이는 다른 사람의 한계를 미리 정해 놓고 비웃거나 비아냥거리는 표현입니다. 어쩌면 요셉의 형들은 요셉을 벼룩으로 대했는지 모르겠습니다. 만약 형들의 손에 팔려가던 순간 요셉도 스스로를 벼룩으로 생각하고 한계를 그었다면 하나님이 그에게 주신 꿈이 현실이 되는 일은 일어나지 않았을 수 있습니다. 인생의 어려움 앞에 포기하고 주저앉은 사람은 이런 비웃음을 당할 수 있습니다.

그러나 우리는 얼마든지 인생의 한계를 뛰어넘어 새로운 삶을 살아갈 수 있습니다. 요즈음 이 말이 현실이 되었습니다. 바로 기술력의 발달 때문입니다. 한손에 쏙 들어오는 모바일폰 하나면 만사형통인 시대입니다. 정보 검색이면 정보 검색, 업무면 업무 못할 일이 없고, 안 되는 일이 없습니다. 어른, 아이 할 것 없이 모바일폰을 손에서 내려놓지 않으려고 합니다. 모바일폰이 없으면 불안 증세에 금단현상까지 오는 사람도 있습니다.

그러나 전능하다고 믿는 모바일폰이 영혼의 문제, 인생의 문제를 해결해 줄 수는 없습니다. 모든 문제의 해답은 사람에게 있다고 큰소리치나 자연 앞에 무능하고, 문제 앞에 연약한 것이 인간입니다. 요즈음 현대인의 정신적 감기라는 우울증에 30~40대 여성들이 무방비로 노출되어 있습니다. 우리나라 우울증의 증가 속도는 타의 추종을 불허한다고 합니다. 모바일폰이 과연 이런 문제를 해결해 줄 수 있을까요? 아닙니다. 영혼의 문제는 그 무엇으로도 해결할 수 없습니다. 오직 예수님 안에 해답이 있습니다.

> 수고하고 무거운 짐 진 자들아 다 내게로 오라 내가 너희를
> 쉬게 하리라(마 11:28)

> 명절 끝날 곧 큰 날에 예수께서 서서 외쳐 이르시되 누구든
> 지 목마르거든 내게로 와서 마시라 나를 믿는 자는 성경에
> 이름과 같이 그 배에서 생수의 강이 흘러나오리라 하시니(요
> 7:37-38)

하나님의 말씀은 어제나 오늘이나 영원토록 동일합니다. 진리는 변하는 것이 아닙니다. 하나님의 말씀은 전래동화나 옛이야기가 아닙니다. 하나님의 말씀은 일점일획도 변하지 않으며 반드시 말씀대로 이루어집니다. 말씀 안에 인생의 해답이 있습니다.

하나님과 통하면
인생이 형통하다

하나님께서 함께하시지 않는 삶이란 어떤 모습일까요?
인간은 하나님의 형상과 모양을 따라 지음받았습니다. 또한

에덴에서 하나님과 신령한 교제를 나누며 하나님의 사랑 안에서 살았습니다. 하나님의 생명을 공급받는 영생의 존재였으며, 무엇 하나 부족한 것이 없었습니다. 하나님께서 인간이 살아가는 데 필요한 모든 것을 완벽하고 풍성하게 예비해 놓으셨기 때문입니다.

그러나 인간은 마귀의 꼬임에 빠져 하나님의 말씀에 불순종하며 하나님을 거역했습니다. 불순종으로 인해 하나님과의 관계가 단절된 것입니다. 그때부터 가난과 질병, 저주와 사망이 왕 노릇하게 되었습니다.

> 어느 나라가 그들의 신들을 신 아닌 것과 바꾼 일이 있느냐 그러나 나의 백성은 그의 영광을 무익한 것과 바꾸었도다 너 하늘아 이 일로 말미암아 놀랄지어다 심히 떨지어다 두려워할지어다 여호와의 말씀이니라 내 백성이 두 가지 악을 행하였나니 곧 그들이 생수의 근원되는 나를 버린 것과 스스로 웅덩이를 판 것인데 그것은 그 물을 가두지 못할 터진 웅덩이들이니라(렘 2:11-13)

생수의 근원인 하나님을 버리고 살길을 찾는 것은 사막에서 물을 찾는 것과 같습니다.

요셉은 보디발의 종으로 팔려 갈 때도 하나님과의 관계를 지속했습니다. 요셉으로 인해 하나님께서 보디발의 집에 복을 내려 주셨습니다. 보디발은 수많은 종들 가운데 나이 어린 이방인 요셉을 가정총무로 삼았습니다. 요셉은 감옥에서도 총무가 되었습니다. 바로의 궁실에서도 총리가 되어 애굽의 제2인자가 되었습니다.

이렇게 요셉은 하나님과 통(通)하니 사람과 통하게 되었습니다. 사람과 통하니 물질이 형통하게 되었습니다. 이것이 순리입니다. 형통은 자본과 기술과 능력만으로 되는 것이 아닙니다. 먼저는 하나님과 통해야 합니다. 그리고 사람과의 교제가 있어야 합니다. 요셉은 하나님과 통하는 신통의 사람이요, 사람과 통하는 인통의 사람이었습니다. 그랬기에 요셉의 손이 닿는 곳마다 형통했습니다.

하루는 바로가 애굽에서 신통하다는 점술가와 현인들을 불러 자신이 간밤에 꾼 꿈을 말했습니다. 그 누구도 바로의 꿈을 해석하지 못했습니다. 그때서야 술 맡은 관원장이 자신과 떡 굽는 관원장이 감옥에 있을 때 꿈을 해석해 준 히브리 청년에 관한 이야기를 했습니다. 바로는 당장 그 히브리 청년을 불러올 것을 명령했습니다. 드디어 히브리 청년 요셉이 바로 앞에 섰습니다. 간밤에 꾼 꿈을 해석해 줄 것을 명령하는 바로에게 요셉은 기막힌 대답을 합니다.

바로가 요셉에게 이르되 내가 한 꿈을 꾸었으나 그것을 해석
하는 자가 없더니 들은즉 너는 꿈을 들으면 능히 푼다 하더라
요셉이 바로에게 대답하여 이르되 내가 아니라 하나님께서
바로에게 편안한 대답을 하시리이다(창 41:15-16)

요셉은 하나님께서 주신 꿈은 하나님이 풀어 주신다는 것을
알고 있었습니다. 요셉이 말하기를 바로의 꿈은 앞으로 닥쳐올
7년 풍년과 7년 흉년을 미리 보여 준 것이라고 했습니다. 하나님
께서 이 일을 정하셨으니 지혜로운 사람을 뽑아 애굽 땅을 맡길
것을 조언했습니다.

이와 같이 그 곡물을 이 땅에 저장하여 애굽 땅에 임할 일곱
해 흉년에 대비하시면 땅이 이 흉년으로 말미암아 망하지 아
니하리이다 바로와 그의 모든 신하가 이 일을 좋게 여긴지라
바로가 그의 신하들에게 이르되 이와 같이 하나님의 영에 감
동된 사람을 우리가 어찌 찾을 수 있으리요 하고 요셉에게 이
르되 하나님이 이 모든 것을 네게 보이셨으니 너와 같이 명철
하고 지혜 있는 자가 없도다 너는 내 집을 다스리라 내 백성
이 다 네 명령에 복종하리니 내가 너보다 높은 것은 내 왕좌
뿐이니라(창 41:36-40)

당대 최강대국인 애굽의 바로 왕이 이방인인 요셉에게 나라의 운명을 맡겼습니다. 자신은 왕의 이름과 자리만 가질 뿐 전권을 요셉에게 위임하여 7년 흉년을 대비하게 했습니다.

요셉에게 꿈을 심어 주신 여호와 하나님이 우리와 함께하십니다. 요셉의 이뤄진 꿈은 아브라함에게 하신 말씀이 이뤄지는 초석이 되었습니다.

> 여호와께서 아브람에게 이르시되 너는 반드시 알라 네 자손이 이방에서 객이 되어 그들을 섬기겠고 그들은 사백 년 동안 네 자손을 괴롭히리니 그들이 섬기는 나라를 내가 징벌할지며 그 후에 네 자손이 큰 재물을 이끌고 나오리라(창 15:13-14)

인생은 마라톤과 같습니다. 산고곡심(山高谷深)이라는 말이 있습니다. 산은 높고 골짜기는 깊다는 것입니다. 작은 일에 연연하지 마십시오. 말씀대로 이루어 주실 하나님을 믿고 십자가 든든히 붙잡고 사는 것이 성도의 삶입니다.

말씀은 믿음으로
반드시 이루어진다

성경에는 32,500가지의 약속의 말씀이 기록되어 있다고 합니다. 셀 수조차 없는 하나님의 말씀을 모두 외우고 꿸 수는 없습니다. 단 하나만 기억해도 괜찮습니다.

> 두려워하지 말라 내가 너와 함께함이라 놀라지 말라 나는 네 하나님이 됨이라 내가 너를 굳세게 하리라 참으로 너를 도와주리라 참으로 나의 의로운 오른손으로 너를 붙들리라(사 41:10)

자신이 처한 상황에 적합한 약속의 말씀을 부여잡고 매달려 기도할 때 기적이 일어납니다.

> 무릇 하나님의 영으로 인도함을 받는 사람은 곧 하나님의 아들이라 너희는 다시 무서워하는 종의 영을 받지 아니하고 양자의 영을 받았으므로 우리가 아빠 아버지라고 부르짖느니라 성령이 친히 우리의 영과 더불어 우리가 하나님의 자녀인 것을 증언하시나니 자녀이면 또한 상속자 곧 하나님의 상속자요 그리스도와 함께한 상속자니 우리가 그와 함께 영광을 받기 위하여 고난도 함께 받아야 할 것이니라(롬 8:14-17)

우리는 예수 그리스도 안에서 하나님의 상속자가 되었습니다. 상속자의 영광을 누리려면 고난도 감수할 수 있어야 합니다.

하나님은 요셉을 온실 속 화초로 키우지 않으셨습니다. 온갖 시련과 고난을 거치며 이겨 내는 삶을 살도록 하셨습니다. 이는 꿈을 이루기 위한 연단과 훈련입니다. 고난의 과정을 피하거나 포기하면 결단코 승리할 수 없습니다.

때로는 내 안에 남아 있는 것들 때문에 시련이 닥쳐오기도 합니다. 고단할 때도, 넘어질 때도, 손을 놓고 싶을 때도 있습니다. 그러나 어떤 상황에서도 하나님을 떠나면 안 됩니다. 하나님께서 결단코 싫어서 버리신 것이 아닙니다.

> 버러지 같은 너 야곱아, 너희 이스라엘 사람들아 두려워하지 말라 나 여호와가 말하노니 내가 너를 도울 것이라 네 구속자는 이스라엘의 거룩한 이이니라(사 41:14)

더럽혀진 걸레도 세탁을 하고 나면 더러운 것을 닦아 낼 수 있게 됩니다. 마귀의 종 되었던 우리를 하나님의 자녀 된 성품과 인격으로 바꾸는 것이 쉽지만은 않습니다. 그러나 하나님은 우리를 택하셨습니다. 하나님은 우리를 버리기 위해 택하신 것이 아닙니다. 고쳐 쓰시기 위해 택하신 것입니다. 하나님이 말씀하신 것이 있다면 믿어야 합니다. 말씀은 반드시 믿음대로 이루어집니다. 그렇기 때문에 하나님의 말씀이 곧 가슴에 품어야 할 꿈입니다. 믿음으로 하나님의 말씀을 품기를 바랍니다.

그때에 아비멜렉과 그 군대 장관 비골이 아브라함에게 말하여 이르되 네가 무슨 일을 하든지 하나님이 너와 함께 계시도다(창 21:22)

그들이 이르되 여호와께서 너와 함께 계심을 우리가 분명히 보았으므로 우리의 사이 곧 우리와 너 사이에 맹세하여 너와 계약을 맺으리라 말하였노라(창 26:28)

내가 너와 함께 있어 네가 어디로 가든지 너를 지키며 너를 이끌어 이 땅으로 돌아오게 할지라 내가 네게 허락한 것을 다 이루기까지 너를 떠나지 아니하리라 하신지라(창 28:15)

여호와께서 요셉과 함께하시므로 그가 형통한 자가 되어 그의 주인 애굽 사람의 집에 있으니(창 39:2)

아브라함은 믿음의 통로로, 이삭은 순종의 통로로, 야곱은 기도의 통로로 하나님의 복을 받았습니다. 요셉은 꿈의 통로를 통해 형통의 복이 임했습니다. 이들의 복의 통로를 우리 가정으로 가져와 각 가정마다 아·이·야 신앙 명가를 이루기를 바랍니다. 아브라함의 하나님, 이삭의 하나님, 야곱의 하나님, 요셉의 하나님이 바로 나의 하나님, 우리의 하나님이십니다. 우리에게는 이미 놀라운 은혜와 복이 약속되어 있습니다. 우리 안에 꿈이 심겨져 있습니다. 하나님께서 심어 주신 꿈을 향해 불퇴전의 믿음으로 나가면 하나님은 반드시 이루어 주십니다.

2부

신앙의 전수

어떻게 신앙의 명문가를 세울까?

자녀는

부모의 입이 아니라

뒷모습을 보고

배웁니다

사람도 명인이 있고, 물건도 명품이 있고, 일꾼도 명장이 있습니다. 가정에도 명문가가 있습니다. '명문'이라는 말은 인정받을 만한 가치가 있고 그 가치가 지속적일 때 붙여 주는 말입니다. 우리는 모두 명문가가 되고 싶어 합니다. 그러기 위해서는 많은 수고와 노력이 필요합니다.

무엇을 보고 명문가라고 말할 수 있습니까? 많은 부를 가진 재벌가가 명문가입니까? 권력이 도도한 가문들이 명문가입니까? 아니면 명예를 가진 가정이 명문가입니까? 아닙니다. 이런 경우는 모두 부나 권력이나 명예가 없어지면 명문가라고 불릴 수가 없을 것입니다.

'명문'이라는 칭호를 받으려면 적어도 자자손손 복을 누리며 존경과 신뢰를 받아야 할 것입니다. 끊임없이 변하고 바뀌는 세상의 가치관을 따라 산다면 언젠가는 허물어져 버리고 마는 헛된 결과를 낳게 됩니다. 따라서 우리는 자녀와 내 가족에게 물질이 아닌 믿음의 유산을 남겨 주어야 합니다.

그렇다면 어떻게 하는 것이 믿음의 유산을 남겨 주는 것일까요? 그것은 하나님을 경외하고, 사람을 사랑할 줄 알며, 믿음의 선한 본을 보이고, 흐트러짐 없이 자녀를 말씀으로 훈계하고 가르치는 것입니다.

부모는 자녀의 신앙적 모델이며 영원한 교육자입니다. 그러므로 자녀는 부모의 입을 통해 배우는 것이 아니라 부모의 뒷모습을 보고 배웁니다. 성경은 우리가 부모 된 자로서 신앙의 가문을 일으키기 위해서는 나부터 아브라함과 같은 삶을 살아야 한다고 말합니다.

창세기 9장에는 노아의 포도주 사건이 등장합니다. 하루는 노아가 과음을 해서 옷을 벗었습니다. 그 모습을 함이 보고 형들에게 알렸습니다. 그러나 형들은 그런 노아의 몸을 덮어 주었습니다. 술에서 깬 노아는 함을 저주합니다.

사실 이 이야기의 주제는 '아버지가 실수했을 때 자녀는 어떻게 해야 하는가'입니다. 아버지가 실수했을 때 자녀가 해야 할 일은 지적이 아닙니다. 덮어 주는 것입니다. 함은 그것을 안했기 때문에 저주를 받은 것입니다.

여기서 한 걸음 더 나아가 생각해 보면 부모가 실수했기 때문에 자녀가 저주를 받았음을 알 수 있습니다. 부모는 적어도 자녀가 보는 앞에서만큼은 실수하지 않도록 하나님께 보호를 받아야 합니다. 그렇기 때문에 부모가 먼저 신앙인이 되어야 합니다. 부모는 적어도 자녀에게만큼은 존엄성을 잃지 말아야 합니다. 부모의 실수는 자녀의 인생에서 치명적인 화가 될 수 있습니다. 내가 하나님 앞에 바로 살 때 하나님은 그것을 보시고 우리 자녀를 축복한다는 말씀을 기억하고 주신 약속을 끝까지 믿음으로 기다려 그 복을 받아 누리기를 바랍니다.

　역사는 현재의 거울입니다. 거울에 비추어 옷매무새도 가다듬고 내가 볼 수 없는 것도 보게 됩니다. 믿음의 스토리를 이어가 마침내 시대를 주도하는 걸출한 인물로 거듭나는 아름다운 믿음의 행렬이 우리 교회, 나의 가정, 나의 자녀에게 이어지기를 간절히 소망합니다.

5

믿음,

약속을 유산으로 넘겨주다

아브라함은 강대한 나라가 되고 천하 만민은 그로 말미암아 복을 받게 될 것이 아니냐 내가 그로 그 자식과 권속에게 명하여 여호와의 도를 지켜 의와 공도를 행하게 하려고 그를 택하였나니 이는 나 여호와가 아브라함에게 대하여 말한 일을 이루려 함이니라(창 18:18-19)

믿음은
기다림이다

족장들의 하나님을 우리는 '아브라함의 하나님, 이삭의 하나님, 야곱의 하나님'이라고 말합니다. 장소가 아닌 인격의 하나님인 것입니다.

여기에는 두 가지 의미가 있습니다. 첫 번째는 하나님께서는 언제나 인격과 함께 움직이신다는 것입니다. '어떤 성소의 하나님'이라고 말하면 반드시 그 성소에 가야지만 하나님을 만날 수 있다는 의미가 됩니다. 그러나 '아브라함의 하나님, 이삭의 하나님, 야곱의 하나님'은 언제나 움직이십니다. 그 하나님은 곧 나의 하나님이 되어 내가 가는 곳이 어디든 함께 가시며 나에게 집중하십니다. 이것이 족장들의 하나님입니다.

우리는 지금까지 이 족장들의 하나님을 살펴봤습니다. 그리고 그들의 신앙에서 세 가지 메시지를 발견할 수 있습니다.

첫째, 족장들은 기다림의 신앙을 가진 사람이었습니다. 족장들의 신앙을 한마디로 말하면 '기다림의 신앙'입니다. 아브라함이 가장 대표적입니다. 아브라함은 사라를 통해 후손을 주겠다는 약속을 75세 때 받았습니다. 이 약속은 25년이 지난 100세에 가서 이루어졌습니다. 아브라함에게는 약속을 받고 그 약속이 이루어지기까지 25년의 기다림이 필요했습니다. 땅의 약속도 마찬가지입니다. 아브라함은 사라가 죽는 순간까지 단 한 평의 땅도 확보하지 못했습니다. 사라가 죽고 나서야 비싼 값을 지불하고 합법적으로 땅을 매입해서 부분적인 약속의 성취를 맛보았습니다.

> 이 사람들은 다 믿음을 따라 죽었으며 약속을 받지 못하였으되 그것들을 멀리서 보고 환영하며 또 땅에서는 외국인과 나그네임을 증언하였으니(히 11:13)

이 말씀은 아브라함에 관한 이야기입니다. 그가 받은 약속은 아브라함 당대에 모두 이루어지지 않았습니다. 그는 약속의 성취를 모두 보지 못했고 그 약속을 바라보며 나그네로 살았습니다. 완전한 성취는 후대에 가서 이루어집니다.

> … 의인은 그의 믿음으로 말미암아 살리라(합 2:4)

그러나 아브라함은 지연되는 하나님의 약속을 의심하지 않고 끝까지 기다립니다. 기다릴 줄 아는 의인의 모습을 우리는 아브라함에게서 보게 됩니다.

진정한 의인은 이렇듯 신실하게 기다릴 줄 아는 사람입니다. 우리는 하나님의 약속과 성취의 중간 시기를 살아가고 있습니다. 이 중간 시기를 살아갈 때 필요한 것은 아브라함이 가졌던 믿음입니다.

성경 말씀은 우리에게 주신 하나님의 약속입니다. 우리는 이 약속 중 일부의 성취를 맛보며 살아갑니다. 다 성취되는 것이 아닙니다. 그런데 그 맛보기조차도 기다려야 합니다. 완전한 성취는 내 후손에게 넘어갈 수도 있습니다.

우리가 족장들에게 배워야 할 것은 기다림입니다. 막연한 기다림이 아닙니다. 믿음의 기다림입니다. 하나님은 인간의 시간표대로 움직이시는 분이 아닙니다. 하나님의 시간표대로 움직이십니다. 하나님의 시간표는 인간의 시간표와 다릅니다. 하나님의 시간표를 따라가기 위해서는 믿음이 필요합니다. 이것이 기다림입니다. 따라서 우리는 하나님이 나를 버리지 아니하신다는 믿음을 가지고 하나님의 때가 이를 때까지 기다릴 수 있는 영성을 가져야 합니다.

내가 여호와를 기다리고 기다렸더니 귀를 기울이사 나의 부르짖음을 들으셨도다(시 40:1)

하나님이 귀를 기울이시는 시점이 이를 때까지, 끝까지 기다릴 줄 아는 기다림의 영성이 우리 모두에게 충만하기를 바랍니다.

지금 이루어지지 않아도 감사하라

둘째, 믿음의 계승입니다. 족장들은 후손들에게 신앙을 계승했습니다. 아브라함은 약속의 성취를 직접 목격하지는 못했지만 후손들에게 믿음의 유산으로 남겨 주었습니다. 그는 지금은 아니지만 언젠가는 반드시 약속이 이루어질 것이라는 확신을 가지고 있었습니다. 성경에는 이것이 반복해서 나옵니다. 하나님은 아브라함에게 약속을 기억하게 하십니다.

> 내가 네게 큰 복을 주고 네 씨가 크게 번성하여 하늘의 별과 같고 바닷가의 모래와 같게 하리니 네 씨가 그 대적의 성문을 차지하리라 또 네 씨로 말미암아 천하 만민이 복을 받으리니 이는 네가 나의 말을 준행하였음이니라 하셨다 하니라(창 22:17-18)

하나님께서는 아브라함에게 땅 약속, 후손 약속, 복의 근원 약속을 다시 한 번 보증하셨습니다. 족장들은 믿음을 가지고 약속의 성취를 기다리면서 자신에게 주어진 말씀대로 살았습니다. 이렇게 말씀대로 살아낼 때, 하나님께서는 그 사람을 보시고 그에게 하신 약속을 기억하십니다. 그리고 후손들에게 약속해 주십니다.

> 여호와께서 이삭에게 나타나 이르시되 애굽으로 내려가지 말고 내가 네게 지시하는 땅에 거주하라 이 땅에 거류하면 내가 너와 함께 있어 네게 복을 주고 내가 이 모든 땅을 너와 네 자손에게 주리라 내가 네 아버지 아브라함에게 맹세한 것을 이루어 네 자손을 하늘의 별과 같이 번성하게 하며 이 모든 땅을 네 자손에게 주리니 네 자손으로 말미암아 천하 만민이 복을 받으리라(창 26:2-4)

이삭에게도 땅 약속, 후손 약속, 복의 근원 약속을 기억하게 하셨습니다. 아브라함이 하나님의 말씀에 순종했더니 그 복이 이삭에게 넘어갔습니다. 아브라함이 하나님의 약속을 기다리면서 한 일은 그 약속의 성취를 내가 맛보든지 후손이 맛보든지 상관없이 내게 주어진 하나님의 뜻을 실천하는 것이었습니다. 하나님께서는 그것을 보시고 그의 자손을 축복하셨습니다. 우리가 자손에게 줄 수 있는 것은 내가 하나님 앞에 제대로 살아가는 것입니다. 진정한 신앙인의 모습으로 살아갈 때 이 복이 우리 후손에게 임합니다.

하나님은 이와 비슷한 말씀을 야곱에게도 하셨습니다.

> 또 본즉 여호와께서 그 위에 서서 이르시되 나는 여호와니 너의 조부 아브라함의 하나님이요 이삭의 하나님이라 네가 누워 있는 땅을 내가 너와 네 자손에게 주리니 네 자손이 땅의 티끌같이 되어 네가 서쪽과 동쪽과 북쪽과 남쪽으로 퍼져나갈지며 땅의 모든 족속이 너와 네 자손으로 말미암아 복을 받으리라(창 28:13-14)

아브라함에게 주신 약속이 이삭에게 넘어갔고, 이삭에게 주신 약속이 다시 야곱에게 넘어갔습니다. 그리고 야곱에게 주신 약속이 다시 요셉에게로 넘어갑니다.

> 요셉이 그의 형제들에게 이르되 나는 죽을 것이나 하나님이 당신들을 돌보시고 당신들을 이 땅에서 인도하여 내사 아브라함과 이삭과 야곱에게 맹세하신 땅에 이르게 하시리라 하고(창 50:24)

요셉은 아브라함으로부터 4대째 후손입니다. 이 요셉이 자신이 가지고 있던 신앙을 또다시 후손들에게 넘겨 주고 있습니다. 이러한 과정들을 거치면서 약속은 계속 이어져 내려갑니다.

이것은 오늘날 우리에게 큰 메시지를 줍니다. 아브라함은 자신의 생애 가운데 약속이 성취되지 않았다고 하여 하나님을 원망하지 않습니다. 하나님을 떠나지도 않습니다. 부분적인 성취를 맛본 것만으로 만족하고 감사했을지도 모릅니다. 나머지는 사랑하는 자녀의 몫이기 때문입니다.

정상적인 부모라면 자신보다 자녀가 더 잘되기를 바라는 마음이 있을 것입니다. 이것이 부모의 마음입니다. 아브라함이 자신에게 주기로 약속된 성취의 복을 후손에게 넘긴 것은 아마도 자신의 것을 자식에게 주길 바라는 부모의 마음이 있지 않았겠는가라는 생각을 해봅니다. 자신이 받은 하나님의 약속 가운데 아직 성취되지 않은 몫은 내 자녀의 몫이기 때문에 감사할 수 있는 것입니다. 아직 남아 있는 약속이 있음을 자녀에게 알려 주는 것입니다. 그리고 그 자녀는 자신의 후손들에게 이 사실을 알려 주고 계승시킵니다.

성경에는 아직 성취되지 않은 수많은 약속들이 있습니다. 그래서 우리는 아브라함과 그의 후손들이 하나님의 약속을 포기하지 않고 끝까지 믿고 지켰던 것처럼 약속이 당장 성취되지 않더라도 하나님의 때가 이르면 언젠가는 반드시 이루어진다는 믿음으로 후손들에게 신앙의 유산을 전수하는 약속의 자녀로 키워야 합니다. 나에게는 최소한의 복을, 내 자녀에게는 최대한의 복을 달라는 믿음을 남겨 주어야 합니다.

열방에 복을 전하는 복의 통로가 되라

족장들에게서 발견할 수 있는 신앙의 메시지 세 번째는, 그들은 열방을 위한 축복의 통로로서의 삶을 살았다는 것입니다. 하나님께서 아브라함을 부르신 이유는 열방에게 복을 주기 위함이었습니다. 창세기 11장까지는 인류의 역사입니다. 그리고 창세기 12장부터 가족사가 시작됩니다. 출애굽기 1장부터는 민족사가 시작됩니다. 따라서 아담은 이스라엘만의 조상이 아닌 인류의 조상입니다.

> 그러므로 그 이름을 바벨이라 하니 이는 여호와께서 거기서 온 땅의 언어를 혼잡하게 하셨음이니라 여호와께서 거기서 그들을 온 지면에 흩으셨더라(창 11:9)

창세기 11장 9절에서 사람들은 아무런 축복 없이 흩어졌습니다. 이렇게 축복이 결핍된 세상을 온전하게 하기 위해 하나님께서는 아브라함을 택해서 땅의 모든 족속이 복을 받게 하셨습니다. 성경은 하나님께서 처음 인류를 만드시고 복을 주셨다고 말합니다. 이것을 신학자들은 '원복'(original blessing)이라고 합니다.

> 하나님이 이르시되 우리의 형상을 따라 우리의 모양대로 우리가 사람을 만들고 그들로 바다의 물고기와 하늘의 새와 가축과 온 땅과 땅에 기는 모든 것을 다스리게 하자 하시고 하나님이 자기 형상 곧 하나님의 형상대로 사람을 창조하시되 남자와 여자를 창조하시고 하나님이 그들에게 복을 주시며 하나님이 그들에게 이르시되 생육하고 번성하여 땅에 충만하라, 땅을 정복하라, 바다의 물고기와 하늘의 새와 땅에 움직이는 모든 생물을 다스리라 하시니라(창 1:26-28)

인간은 죄를 지어 이 원복을 놓쳤습니다. 그런데 하나님께서 아브라함을 불러서 원복을 열방에 전파하게 하셨습니다. 아브라함은 하나님께 받은 복을 열방에게 전하는 일을 감당해야 했습니다.

> 여호와의 말씀이니라 너희를 향한 나의 생각을 내가 아나니 평안이요 재앙이 아니라 너희에게 미래와 희망을 주는 것이니라(렘 29:11)

하나님은 우리가 편안한 삶을 살기를 원하십니다. 그리고 이 하나님의 마음을 우리만 아는 것에서 그치는 것이 아니라 우리를 통해 많은 사람이 알기를 원하십니다. 우리를 통해 열방이 복 받기를 원하시는 것입니다.

> 아브라함은 강대한 나라가 되고 천하 만민은 그로 말미암아 복을 받게 될 것이 아니냐 내가 그로 그 자식과 권속에게 명하여 여호와의 도를 지켜 의와 공도를 행하게 하려고 그를 택하였나니 이는 나 여호와가 아브라함에게 대하여 말한 일을 이루려 함이니라(창 18:18-19)

성경은 아브라함을 통하여 천하 만민이 복을 받게 될 것이라고 말합니다. 아브라함의 자손 가운데 열방의 축복의 통로로 쓰임받은 대표적인 인물이 요셉입니다. 요셉은 하나님이 함께하셔서 어떠한 환경에서도 배우고 스스로를 채워 갔습니다.

요셉은 형들에 의해 친위대장 보디발의 집에 팔려갔지만, 그 가정의 총무가 되어 경제를 배웁니다. 보디발 아내의 유혹을 물리치다가 감옥에 들어가서는 정치를 배웁니다. 마침 그 감옥이 정치범수용소였던 것입니다. 결국 요셉은 정치와 경제에 능한 자가 되어 이집트의 총리대신이 되었습니다. 어느 것 하나 쓸데없는 경험이 없었습니다. 담금질 뒤에 하나님은 결국 요셉을 들어 쓰셨습니다. 요셉의 인생에서 중요한 것은 요셉이 어느 곳에 가든지 하나님이 함께하셨다는 사실입니다.

> 여호와께서 요셉과 함께하시므로 그가 형통한 자가 되어 그의 주인 애굽 사람의 집에 있으니 그의 주인이 여호와께서 그와 함께하심을 보며 또 여호와께서 그의 범사에 형통하게 하심을 보았더라(창 39:2-3)

하나님은 요셉과만 함께하시는 것이 아니라 우리와도 함께하십니다. 그런데 왜 요셉에게 있었던 형통함이 우리에게는 없습니까?

저는 하나님이 요셉과 함께하셨다는 것을 '임마누엘의 은총'이라고 말합니다. 그리고 형통하였다는 것을 '임마누엘의 능력'이라고 말합니다. 은총은 누구에게나 있습니다. 요셉에게는 은총이 능력으로 바뀌는데 우리에게는 은총이 능력으로 바뀌지 않습니다. 요셉에게는 있는데 우리에게는 없는 것이 있다는 말입니다.

요셉은 한순간도 하나님을 놓치지 않았습니다. 그는 보디발의 아내가 유혹했던 그 시점에도 하나님을 보았습니다. 임마누엘의 영성이 있으면 하나님의 은총이 하나님의 능력으로 바뀌게 됩니다.

더 중요한 것은 요셉을 통해서 만민에게 복을 주기 위해 하나님께서 그 모든 일들을 겪게 하셨다는 사실입니다.

> 요셉이 그들에게 이르되 두려워하지 마소서 내가 하나님을 대신하리이까 당신들은 나를 해하려 하였으나 하나님은 그것을 선으로 바꾸사 오늘과 같이 많은 백성의 생명을 구원하게 하시려 하셨나니(창 50:19-20)

요셉을 통해서 가족과 이집트 사람들, 그리고 가나안 지역의 사람들까지 모두 살 수 있게 되었습니다. 이것이 하나님의 놀라운 역사입니다. 한 사람이 복의 통로가 되어 많은 사람이 복을 받은 것입니다.

이것이 신앙의 명문가들에게 주어진 하나님의 복입니다. 하나님은 열방을 향한 축복의 통로로 우리를 부르셨습니다. 우리는 '복 받은 사람'입니다. 우리는 복된 인생의 주인공이고 이러한 복을 이미 받았습니다.

이제 받은 복을 나누는 삶을 살 수 있게 되기를 바랍니다. 축복의 통로, 구원의 통로가 되기를 소망합니다.

6

복음,

십자가를 선택하다

십자가의 도가 멸망하는 자들에게는 미련한 것이요 구원을 받는 우리에게는 하나님의
능력이라(고전 1:18)

———

구원과 멸망,
바른 선택을 하라

유진 피터슨은 《메시지》에서 고린도전서 1장 18절의 말씀을
이렇게 풀어서 기록합니다.

> "십자가에 달리신 그리스도를 가리키는 메시지가, 멸망하기
> 로 굳게 결심한 사람들에게는 어리석은 것처럼 보이겠지만,
> 구원의 길에 들어선 사람들에게는 완벽하게 이해될 것입니
> 다. 이것이 하나님께서 일하시는 방식입니다."

어느 지점에서 동서남북으로 갈라지는 분기점이 있는 것처럼
예수님을 믿으면 구원을 얻고, 그렇지 않으면 그 누구라 해도 결
국 멸망합니다. 이것이 하나님이 하시는 일이며, 하나님이 일하
시는 방법입니다.

십자가의 복음은 천하 만민을 구원하시는 하나님의 능력이
요, 하나님의 지혜입니다. 하나님의 독생자 예수 그리스도께서
십자가에서 고난받으시고 죽으시고 부활하신 것은 인간의 역사

도, 종교도, 설화도, 신화도 아닙니다. 하나님이 하신 하나님의 역사입니다. 이를 증명하기 위해 철학이나 과학 등을 동원할 필요조차 없습니다. 하나님의 피조물인 인간은 믿느냐, 믿지 않느냐 두 가지 중 하나를 선택할 뿐입니다. 하나님은 그것을 구태여 우리에게 설명하고 설득시키고 깨닫게 하려고 하시지 않습니다. 태초에 하나님이 천지와 바다와 만물을 지으셨습니다. 하나님의 형상과 모양을 따라 남자와 여자도 만드셨습니다. 오직 하나님의 절대 주권으로 이 모든 것을 창조하신 것입니다. 그리고 우리에게 한량없는 사랑과 복도 부어 주셨습니다. 그런데 사람은 믿음과 불신의 갈림길에 서 있습니다. 선택은 사람의 몫입니다.

> 내가 오늘 하늘과 땅을 불러 너희에게 증거를 삼노라 내가 생명과 사망과 복과 저주를 네 앞에 두었은즉 너와 네 자손이 살기 위하여 생명을 택하고 네 하나님 여호와를 사랑하고 그의 말씀을 청종하며 또 그를 의지하라 그는 네 생명이시요 네 장수이시니 여호와께서 네 조상 아브라함과 이삭과 야곱에게 주리라고 맹세하신 땅에 네가 거주하리라(신 30:19-20)

우리 주 예수 그리스도는 어제나 오늘이나 영원토록 동일하십니다. 창조 이래로 영원무궁토록 세상 우주만물은 하나님의 섭리 아래 있습니다. 믿음과 사랑, 은혜와 축복은 언제나 과거가 아닌 현재 진행형입니다. 우리는 하나님께 온전히 붙어 있어야 합니다. 그러면 아브라함의 하나님, 이삭의 하나님, 야곱의 하나님, 나의 하나님께서 나와 내 자손과 더불어서 영원히 함께하십니다.

하나님이 만물 가운데 사람을 지으신 것은 참된 자유와 평안과 영생복락을 누리게 하기 위함입니다. 그러나 하나님의 말씀에 순종하느냐 혹은 불순종하느냐의 선택은 전적인 사람의 의지입니다. 하나님께서는 이토록 놀라운 은혜와 사랑과 함께 자유의지를 주셔서 무엇을 선택할 것인가는 사람이 하도록 하셨습니다. 이것이 하나님의 은혜이며 하나님의 위대하심과 선하심입니다.

이와 같이 사람은 자기 좋은 대로 선택하며 살도록 지음받았으나 조건이 있습니다. "너와 네 자손이 복을 받고 살기를 원한다면 하나님의 말씀에 순종하라"는 것입니다. 하나님의 말씀을 청종하고 그 말을 지켜 행하면 끝까지 하나님이 책임져 주십니다. 나를 모든 민족 위에 뛰어나게 하시고, 나가도 들어와도 복을 받게 하신다는 것입니다. 이것이 하나님이 일하시는 방법입니다.

불순종으로 인해 사망의 법에 매여 있는 인간을 구원하시기 위하여 하나님께서는 독생자 예수 그리스도를 십자가에 내어 주셨습니다. 인간의 잘못된 선택을 바로 잡아 주시기 위해 한 법을 정하셨으니 바로 십자가 복음의 법입니다. 하나님의 독생자 예수 그리스도를 십자가에 내어 주심으로 누구든지 그 사실을 믿기만 하면 멸망하지 않고 구원을 얻습니다. 하나님께서 이 은혜의 법을 예수님을 통해서 나타내 보여 주셨습니다.

> 그러므로 이제 그리스도 예수 안에 있는 자에게는 결코 정죄함이 없나니 이는 그리스도 예수 안에 있는 생명의 성령의 법이 죄와 사망의 법에서 너를 해방하였음이라(롬 8:1-2)

율법의 저주에서 영원히 버림받고 멸망할 수밖에 없는 인간을 위해 새롭게 세운 법이 예수 그리스도의 십자가의 복음입니다.

> 하나님이 세상을 이처럼 사랑하사 독생자를 주셨으니 이는 그를 믿는 자마다 멸망하지 않고 영생을 얻게 하려 하심이라 (요 3:16)

십자가의 복음은 오직 믿음으로 깨달아집니다. 믿음이 먼저입니다. 예수 그리스도를 주로 믿어 하나님의 자녀 되는 자격을 얻고 천국 시민권자가 되면 책임은 하나님이 지십니다. 영원무궁토록 영광의 길로 인도하여 주십니다. 이것이 하나님의 능력이며 지혜입니다. 사람들은 자신의 생각이나 지식으로 아는 척하나 성경은 말씀합니다.

> 지혜 있는 자가 어디 있느냐 선비가 어디 있느냐 이 세대에 변론가가 어디 있느냐 하나님께서 이 세상의 지혜를 미련하게 하신 것이 아니냐 하나님의 지혜에 있어서는 이 세상이 자기 지혜로 하나님을 알지 못하므로 하나님께서 전도의 미련한 것으로 믿는 자들을 구원하시기를 기뻐하셨도다(고전 1:20-21)

논리와 이론과 과학은 필요 없습니다. 믿으면 구원, 안 믿으면 멸망입니다. 이것이 하나님의 능력이며 하나님의 지혜입니다. 하나님이 하시는 일입니다.

십자가 복음은
화평하게 하시는 하나님의 지혜다

십자가의 복음은 화평하게 하시는 하나님의 능력이며 지혜입니다.

> 그는 우리의 화평이신지라 둘로 하나를 만드사 원수된 것 곧

중간에 막힌 담을 자기 육체로 허시고 법조문으로 된 계명의 율법을 폐하셨으니 이는 이 둘로 자기 안에서 한 새 사람을 지어 화평하게 하시고 또 십자가로 이 둘을 한 몸으로 하나님과 화목하게 하려 하심이라 원수된 것을 십자가로 소멸하시고 또 오셔서 먼 데 있는 너희에게 평안을 전하시고 가까운 데 있는 자들에게 평안을 전하셨으니 이는 그로 말미암아 우리 둘이 한 성령 안에서 아버지께 나아감을 얻게 하려 하심이라(엡 2:14-18)

이 말씀 속에 예수님의 십자가 복음의 은혜가 모두 다 포함되어 있습니다. 하나님과 인간 사이에 죄로 인해 원수된 것을 예수 그리스도의 십자가로 화평하게 하셨습니다. 중간에 막힌 담을 헐어 내시고 하나님과 나 사이를 화목하게 하셨습니다. 에베소서 2장에서는 이방인과 유대인을 지칭하나 예수를 주로 믿으면 한 피 받아 한 몸 이룬 형제자매요, 오직 성령 안에서 하나님을 아버지라 부르게 되는 것입니다. 우리가 하나님의 자녀 되는 자격을 얻게 된 것을 믿어야 합니다.

오늘날 세계는 1일 생활권에 살고 있습니다. 그러나 여전히 인종과 민족 간에 갈등과 분쟁이 쉬지 않고 있습니다. 죽고 죽이는 비참한 일들이 계속해서 일어나고 있습니다. UN을 비롯한 세계 평화를 추구하는 기구가 수없이 많이 있습니다. 원수된 것을 풀어 보려고 종교와 철학, 정치와 교육, 사상과 이념 등을 말하지만 여전히 지구촌은 평화롭지 못합니다.

유대인은 표적을 구하고 헬라인은 지혜를 찾으나(고전 1:22)

유대인이 표적을 구한다는 말은 조직과 제도를 말하는 것입니다. 우리나라만 해도 헌법부터 민법까지 얼마나 많은 법이 있습니까? 수많은 법과 제도를 만들었다고 해서 범죄가 줄어드는 것이 아닙니다. 조직과 제도가 있어도, 교육과 윤리와 도덕을 말해도 여전히 사람 사는 세상은 죽고 죽이는 일들이 반복되고 있습니다.

이처럼 사람의 능력이나 힘으로는 화평을 만들 수 없습니다. 오직 하나님의 아들 예수님이 십자가에 죽으심으로 나의 죄, 너의 죄, 우리의 모든 죄를 그 십자가에 못 박아 버리고 성령으로 말미암아 영원한 천국의 소망을 누리게 된 것입니다.

유대인이나 이방인이나, 지혜 있는 자나 어리석은 자나, 누구든지 예수 그리스도를 믿는 자는 하나님 앞에 의롭다 하심을 얻고 하나님의 자녀가 됩니다. 이 일은 모두 다 하나님이 하신 것이며, 그분의 일하시는 방식입니다. 믿고 안 믿고는 사람에게 달려 있습니다. 믿는 자는 영원한 구원을 얻고, 믿지 않는 자는 영원한 멸망에 처합니다. 다른 선택의 여지는 없습니다.

다른 이로써는 구원을 받을 수 없나니 천하 사람 중에 구원을 받을 만한 다른 이름을 우리에게 주신 일이 없음이라 하였더라(행 4:12).

곧 다가올 기쁨과 영광을 위해 십자가를 지라

십자가의 복음은 하나님의 사랑과 의를 온 세상에 펼치시는 하나님의 영광입니다. 예수님이 십자가에서 고난받으실 때 백부장들과 서기관들과 장로들은 입을 모아 말합니다.

… 네가 만일 하나님의 아들이어든 자기를 구원하고 십자가에서 내려오라 하며 그와 같이 대제사장들도 서기관들과 장로들과 함께 희롱하여 이르되 그가 남은 구원하였으되 자기는 구원할 수 없도다 그가 이스라엘의 왕이로다 지금 십자가에서 내려올지어다 그리하면 우리가 믿겠노라(마 27:40-42)

그들은 예수님에게 온갖 조롱과 비난을 쏟아 부었습니다. "하나님의 아들이, 죄 없는 사람이 어떻게 십자가에서 처형을 받느냐"며 "저 사람이 남은 구원했을지는 몰라도 자기는 구원하지 못한다"고 비웃으며 손가락질을 했습니다.

왜 예수님은 십자가에서 내려오지 않으셨을까요? 왜 그런 멸시와 천대와 조롱을 받으셨을까요? 예수님의 십자가 죽음이 없이는 부활도 없기 때문입니다. 부활이 없이는 성령의 보내심도 없고, 성령의 보내심이 없이는 세상 끝날까지 모든 사람에게 '예수는 그리스도시며 구원'이라는 십자가의 복음을 전할 수 없기 때문입니다.

따라서 우리는 예수님이 십자가에서 죽으시고 부활하신 사실을 믿어야 합니다. 이천 년 전 유대 땅에서 일어난 한 사람의 십자가 처형 사건이 오늘날 온 세상을 복음으로 뒤집어 놓았고 그 이름 때문에 오늘날 우리에게까지 복음이 증거된 것입니다.

> 오직 성령이 너희에게 임하시면 너희가 권능을 받고 예루살렘과 온 유대와 사마리아와 땅끝까지 이르러 내 증인이 되리라 하시니라(행 1:8)

예수 그리스도의 십자가로 구원받은 것을 믿기 바랍니다. 구원받은 성도는 교회만 왔다 갔다 해서는 안 됩니다. 우리가 받은 은혜와 사랑을 천하 만민에게 전해야 합니다. 요한복음 17장은 예수님이 십자가를 지시기 전에 하나님 앞에 고요히 기도하는 내용입니다.

> 아버지께서 내게 하라고 주신 일을 내가 이루어 아버지를 이
> 세상에서 영화롭게 하였사오니 아버지여 창세 전에 내가 아
> 버지와 함께 가졌던 영화로써 지금도 아버지와 함께 나를 영
> 화롭게 하옵소서(요 17:4-5)

예수님의 십자가 복음은 하나님의 사랑과 의를 이 땅에 펼치
시고 하나님께서 영광 받으시는 승리의 찬가를 부르는 영광의
증표입니다.

> 믿음의 주요 또 온전하게 하시는 이인 예수를 바라보자 그는
> 그 앞에 있는 기쁨을 위하여 십자가를 참으사 부끄러움을 개
> 의치 아니하시더니 하나님 보좌 우편에 앉으셨느니라(히 12:2)

예수님이 십자가를 지실 때 얼마나 많은 조롱과 멸시와 천대
를 당하셨습니까? 그러나 곧 다가올 기쁨을 위해서 십자가의
고통과 부끄러움을 개의치 않으셨습니다. 오직 하나님만 바라
보니 마침내 하나님이 예수님을 영광의 자리로 이끌어 주셨습
니다.

예수님을 주로 믿는 일은 절대로 어렵지 않습니다. 그러나 예
수님을 믿어 구원 얻은 성도들의 신앙생활에는 부끄러운 일들
이 많이 있습니다. 멸시 천대를 받을 때도 있고, 우환질고를 당

128

할 때도 있습니다. 원망을 들을 때도 있으나 오직 믿음의 주요 온전하게 하시는 주님만 바라보기 바랍니다. 믿음을 지키며 세상 끝날까지 승리의 삶을 살기 위해서는 부끄러운 일을 당해도 개의치 말아야 합니다. 어려운 일을 만나 넘어져도 툭툭 털고 일어나야 합니다. 그 앞에 기쁨과 즐거움이 있기 때문입니다.

7

은혜,

관계가 회복되다

하나님의 나라는 먹는 것과 마시는 것이 아니요 오직 성령 안에 있는 의와 평강과 희락이
라 이로써 그리스도를 섬기는 자는 하나님을 기쁘시게 하며 사람에게도 칭찬을 받느니
라(롬 14:17-18)

그리스도인의
의무를 가르치라

> 예수께서 이르시되 내가 곧 길이요 진리요 생명이니 나로 말
> 미암지 않고는 아버지께로 올 자가 없느니라 (요 14:6)

하나님께서 아브라함의 후손인 이스라엘 백성을 사랑하셨고 그들을 위해 생명과 복을 주셨습니다.

> 내가 오늘 하늘과 땅을 불러 너희에게 증거를 삼노라 내가 생
> 명과 사망과 복과 저주를 네 앞에 두었은즉 너와 네 자손이
> 살기 위하여 생명을 택하고 네 하나님 여호와를 사랑하고 그
> 의 말씀을 청종하며 또 그를 의지하라 그는 네 생명이시요 네
> 장수이시니 여호와께서 네 조상 아브라함과 이삭과 야곱에게
> 주리라고 맹세하신 땅에 네가 거주하리라 (신 30:19-20)

하나님께서 아브라함을 택하시고 복의 근원이자 믿음의 조상을 삼으셨다고는 하지만, 아브라함의 후손이라고 해서 무조

건 복을 받는 것은 아닙니다. 모든 사람이 각각 자기의 믿음으로 하나님께 순종해야만 복을 받을 수 있습니다. 나 혼자만 예수님을 구주로 영접하여 구원받아 천국에 가면 안 됩니다. 내 믿음이, 내 구원이 자녀에게 자동적으로 이어지는 것이 아니기 때문입니다. 반드시 우리의 자녀 각자가 예수 믿고 거듭나야 합니다. 자녀가 성령으로 충만하여 하나님을 사랑해야 합니다. 자녀가 하나님의 말씀을 지켜 믿음으로 살아야 합니다. 이것이 사랑하는 자녀가 아브라함의 유업을 이어받아 복 받는 길입니다.

우리 자녀 중에 예배도 드리지 않고 십일조도 내지 않으면서 스스로를 그리스도인으로 착각하는 경우가 허다합니다. 심지어는 중생의 체험도 없이 그리스도인처럼 거짓된 행세를 하는 자녀도 있습니다. 그러나 그것은 가짜입니다. 진짜 그리스도인은 하나님을 사랑하고 그 말씀을 지켜 행하기 때문입니다.

그리스도인이라면 기본적으로 지켜야 할 두 가지 의무가 있습니다. 첫째는 하나님이 구별하신 날인 주일을 지켜 예배하는 것입니다. 주일은 하나님이 우리를 만나 주시고 복 주시는 날입니다. 하나님의 말씀이며 약속을 반드시 지켜 주일성수로 하나님께 영광을 돌려야 합니다. 둘째는 십일조와 헌물을 드리는 일입니다. 하나님께 드리는 복된 예물에 인색해서는 안 됩니다.

이것이 곧 적게 심는 자는 적게 거두고 많이 심는 자는 많이 거둔다 하는 말이로다 각각 그 마음에 정한 대로 할 것이요 인색함으로나 억지로 하지 말지니 하나님은 즐겨 내는 자를 사랑하시느니라(고후 9:6-7)

네 보물 있는 그곳에는 네 마음도 있느니라(마 6:21)

십일조와 헌물을 드리지 않으면서 예배를 드린다는 것은 어불성설입니다. 이는 마치 하나님의 것을 훔치는 것과 같습니다.

사람이 어찌 하나님의 것을 도둑질하겠느냐 그러나 너희는 나의 것을 도둑질하고도 말하기를 우리가 어떻게 주의 것을 도둑질하였나이까 하는도다 이는 곧 십일조와 봉헌물이라 (말 3:8)

십일조와 헌물을 드리지 않는 것은 진정으로 하나님을 경배하며 예배드리는 것이 아닙니다. 우리는 이를 지켜 행할 뿐만 아니라 자녀에게도 반드시 가르쳐야 합니다. 이것이 생명과 복을 받는 비결입니다.

그리스도 예수 안에 있는 속량으로 말미암아 하나님의 은혜로 값 없이 의롭다 하심을 얻은 자 되었느니라 이 예수를 하

> 나님이 그의 피로써 믿음으로 말미암는 화목제물로 세우셨으
> 니 이는 하나님께서 길이 참으시는 중에 전에 지은 죄를 간과
> 하심으로 자기의 의로우심을 나타내려 하심이니(롬 3:24-25)

이처럼 우리는 예수님을 통해서만 하나님 아버지께로 나아갈
수 있습니다.

성령님은
하나님과 나 사이의 관계를 회복시키신다

하나님과 나 사이의 관계는 이미 한 번 끊어진 적이 있습니
다. 사람은 마귀의 꼬임에 빠져 하나님의 말씀을 거역하고 선악
을 알게 하는 나무의 열매를 먹었습니다. 마귀는 현란한 말로 하
와를 유혹했습니다.

> 너희가 그것을 먹는 날에는 너희 눈이 밝아져 하나님과 같이
> 되어 선악을 알 줄 하나님이 아심이니라 여자가 그 나무를 본
> 즉 먹음직도 하고 보암직도 하고 지혜롭게 할 만큼 탐스럽기
> 도 한 나무인지라 여자가 그 열매를 따먹고 자기와 함께 있는
> 남편에게도 주매 그도 먹은지라(창 3:5-6)

마귀는 열매를 먹어도 결코 죽지 않을 것이라는 거짓말을 서슴지 않습니다. 오히려 눈이 밝아져 하나님과 같이 되어 선악을 알게 될 것이라고 합니다. 마귀의 말을 듣고 하와가 나무의 열매를 보니 먹음직하고 보암직도 하고 지혜롭게 할 만큼 탐스럽게 보였습니다. 마귀에게 하와가 속은 것입니다. 그러자 하와의 눈에는 하나님께서 허락하신 수많은 좋은 것들보다 금지하신 단 한 가지가 더 좋아 보였습니다. 결국 인간은 하나님의 말씀에 불순종했고, 그 결과 저주를 받았습니다.

> 또 여자에게 이르시되 내가 네게 임신하는 고통을 크게 더하리니 네가 수고하고 자식을 낳을 것이며 너는 남편을 원하고 남편은 너를 다스릴 것이니라 하시고 아담에게 이르시되 네가 네 아내의 말을 듣고 내가 네게 먹지 말라 한 나무의 열매를 먹었은즉 땅은 너로 말미암아 저주를 받고 너는 네 평생에 수고하여야 그 소산을 먹으리라 땅이 네게 가시덤불과 엉겅퀴를 낼 것이라 네가 먹을 것은 밭의 채소인즉 네가 흙으로 돌아갈 때까지 얼굴에 땀을 흘려야 먹을 것을 먹으리니 네가 그것에서 취함을 입었음이라 너는 흙이니 흙으로 돌아갈 것이니라 하시니라(창 3:16-19)

하나님께서는 자신의 형상과 모양을 따라 사람을 지으시고

생기를 불어넣으셨습니다. 사람은 하나님의 생기가 들어옴으로
비로소 살아 있는 존재가 되었습니다. 하나님의 영이 거하실 때
사람은 창조의 목적에 합당한 존재로 영생을 누리며 행복하게
살아갈 수 있습니다.

그러나 하나님께 불순종한 죄로 인해 하나님의 영인 성령이
사람의 곁에서 떠났습니다. 하나님의 영은 생명의 영입니다. 사
람에게서 하나님의 영이 떠난 후 그들에게는 120년이라는 수명
이 생겼습니다.

> 여호와께서 이르시되 나의 영이 영원히 사람과 함께하지 아
> 니하리니 이는 그들이 육신이 됨이라 그러나 그들의 날은 백
> 이십 년이 되리라 하시니라(창 6:3)

하나님은 범죄한 인간에게 120년을 살게 하셨습니다. 이것도
하나님의 은혜입니다. 하나님은 비록 인간이 죄를 지었지만 생
명과 사랑을 완전히 거두시지 않았습니다. 오히려 우리를 구원
하기 위한 놀라운 구속의 역사를 시작하셨습니다.

그리고 하나님은 후대의 모든 사람들에게 하나님의 선하심과
위대하심을 알리기 위해 아브라함을 택하셨습니다. 하나님만이
인생의 생사화복을 홀로 주관하시는 분임을 알려 주기 위해 아
브라함을 부르셨습니다.

여호와께서 아브람에게 이르시되 너는 너의 고향과 친척과
아버지의 집을 떠나 내가 네게 보여 줄 땅으로 가라 내가 너
로 큰 민족을 이루고 네게 복을 주어 네 이름을 창대하게 하
리니 너는 복이 될지라 너를 축복하는 자에게는 내가 복을 내
리고 너를 저주하는 자에게는 내가 저주하리니 땅의 모든 족
속이 너로 말미암아 복을 얻을 것이라 하신지라(창 12:1-3)

이스라엘 민족은 아브라함의 후손입니다. 다른 민족은 하나
님의 안중에도 없었습니다.

내가 땅의 모든 족속 가운데 너희만을 알았나니 그러므로 내
가 너희 모든 죄악을 너희에게 보응하리라 하셨나니(암 3:2)

너는 여호와 네 하나님의 성민이라 네 하나님 여호와께서 지
상 만민 중에서 너를 자기 기업의 백성으로 택하셨나니 여호
와께서 너희를 기뻐하시고 너희를 택하심은 너희가 다른 민
족보다 수효가 많기 때문이 아니라 너희는 오히려 모든 민
족 중에 가장 적으니라(신 7:6-7)

하나님이 이스라엘을 택하신 것은 그들이 다른 민족보다 뛰
어났기 때문이 아니었습니다. 이방 민족들이 훨씬 더 수효도 많

고 지혜와 능력이 있었습니다. 그러나 하나님은 이방 민족들을 선택하지 않으셨습니다. 지상 만민 중에서 오직 이스라엘을 사랑하시고 택하시고 하나님의 성민으로 삼으셨습니다. 그리고 이방 민족들이 하나님의 택한 백성인 이스라엘을 해치려고 할 때마다 그들을 물리치셨습니다. 하나님의 택하심은 결코 철회되지 않았습니다.

하나님의 은사와 부르심에는 후회하심이 없느니라(롬 11:29)

그리고 하나님은 친히 육신의 몸으로 세상에 오셨습니다. 사람으로 오신 예수님은 온 인류의 불신앙과 죄와 저주를 짊어지고 십자가에서 죽으셨습니다. 하나님은 예수님을 무덤에서 일으키심으로 세상의 모든 죄와 저주를 멸하셨습니다. 하나님은 예수님을 부활시키셔서 사람과의 사이에 무너졌던 사랑의 관계를 회복시키셨습니다. 예수님의 부활, 승천 이후에는 성령이 오셔서 우리의 영과 마음과 생각 속에 회복의 역사를 끊임없이 일으키고 계십니다.

예수님이 십자가에서 고난받고 죽으시고 부활하신 이유는 아브라함의 복이 이방인에게도 넘쳐 나게 하려는 것입니다. 우리로 하여금 믿음으로 성령의 약속을 받게 하려는 것입니다.

그리스도께서 우리를 위하여 저주를 받은 바 되사 율법의 저
주에서 우리를 속량하셨으니 기록된 바 나무에 달린 자마다
저주 아래에 있는 자라 하였음이라 이는 그리스도 예수 안에
서 아브라함의 복이 이방인에게 미치게 하고 또 우리로 하
여금 믿음으로 말미암아 성령의 약속을 받게 하려 함이라(갈
3:13-14)

지금은 예수님의 십자가 구원을 통한 은혜의 시대입니다. 모
든 사람에게 구원의 길이 열린 복음의 시대입니다. 하나님은 누
구든지 예수님이 그리스도이심을 믿기만 하면 그분의 자녀가
되는 자격을 주십니다.

영접하는 자 곧 그 이름을 믿는 자들에게는 하나님의 자녀가
되는 권세를 주셨으니(요 1:12)

하나님의 은혜로 우리는 의롭다 함을 얻게 됩니다. 누구든지
예수님을 믿기만 하면 의롭다 함을 얻을 수 있게 되었습니다. 또
한 예수 그리스도 안에서 하나님과 사람 사이에 의의 관계가 회
복되었습니다. 예수님이 십자가에서 죽으시고 부활하심으로 죄
로 인해 단절된 하나님과 사람의 관계가 회복된 것입니다.

하나님과 나와의 관계가 회복된 것은 나의 행위나 공로가 아

님다. 하나님을 향한 나의 열심과 정성 때문도 아닙니다. 내 착한 성품이나 의로운 행위로 인해 회복된 것이 아닙니다. 사람들은 하나님과 자신들의 깨진 사랑의 관계를 회복시키기 위해 할 수 있는 모든 노력을 다했습니다. 하나님과의 관계 회복을 위해 종교, 철학, 문학을 만들고 추구하며 탐구했습니다. 온갖 수단과 방법, 지혜와 지식을 다 동원했지만 그 어느 곳에서도 해답을 찾지 못했습니다. 사람의 노력으로는 하나님께로 갈 수 없다는 사실만 자명해졌을 뿐입니다.

하나님과 나 사이에 가로막혔던 담이 무너진 것은 오직 예수님의 보혈로 가능했습니다. 이것은 하나님의 무한한 은혜입니다. 오직 예수님의 보혈로 하나님과 나 사이에 가로막혔던 담이 무너진 것입니다.

그는 우리의 화평이신지라 둘로 하나를 만드사 원수된 것 곧 중간에 막힌 담을 자기 육체로 허시고(엡 2:14)

하나님의 은혜와 긍휼하심으로 성령 안에서 하나님을 아버지라고 부르는 은혜를 받게 되었습니다.

너희는 다시 무서워하는 종의 영을 받지 아니하고 양자의 영을 받았으므로 우리가 아빠 아버지라고 부르짖느니라(롬 8:15)

성령님은 하나님과 사람의 관계를 회복시켜 주시기 위해 오셨습니다. 하나님께서 예비하신 모든 것은 우리의 눈으로는 볼 수도 없고 보아도 깨닫지 못합니다. 인간의 귀로는 들을 수 없고 듣는다 해도 이해하지 못합니다. 육신의 마음으로는 느낄 수 없고 생각조차 할 수 없습니다. 세상의 종교, 철학, 지식, 과학으로는 하나님의 생각과 계획을 알 수 없습니다.

> 기록된 바 하나님이 자기를 사랑하는 자들을 위하여 예비하신 모든 것은 눈으로 보지 못하고 귀로 듣지 못하고 사람의 마음으로 생각하지도 못하였다 함과 같으니라 오직 하나님이 성령으로 이것을 우리에게 보이셨으니 성령은 모든 것 곧 하나님의 깊은 것까지도 통달하시느니라(고전 2:9-10)

하나님의 예비하신 모든 것은 오직 성령으로만 깨달을 수 있습니다. 성령님만이 하나님의 마음을 헤아릴 수 있기 때문입니다. 하나님은 모든 만물의 창조주이십니다. 온 우주의 절대 주권자이십니다. 하나님만이 생명과 사랑과 복의 근원이십니다.

하나님과 나 사이의 관계가 회복된 곳이
하나님 나라다

바리새인들이 예수님께 '하나님 나라의 도래'에 대한 질문을
합니다. 예수님은 그들의 생각을 뛰어넘는 대답으로 하나님 나
라에 대한 올바른 신앙관을 알려 주십니다.

> 바리새인들이 하나님의 나라가 어느 때에 임하나이까 묻거늘
> 예수께서 대답하여 이르시되 하나님의 나라는 볼 수 있게 임
> 하는 것이 아니요 또 여기 있다 저기 있다고도 못하리니 하나
> 님의 나라는 너희 안에 있느니라(눅 17:20-21)

바리새인이란 '분리된 자, 거룩한 자'라는 뜻을 지닌 사람들
로 처음에는 엄격한 율법 준수와 모범으로 유대인에게 신망과
존경을 받았습니다. 그들은 회당 조직을 통해 전 유대 사회에 지
대한 영향력을 끼치기도 했습니다.

그러나 예수님 당시 바리새인들은 형식주의, 율법주의, 극단
적인 분리주의, 권위주의적인 특권 의식에 빠져 있었습니다. 바
리새인들은 율법을 통한 정치, 경제, 사회적인 안정이 하나님 나
라의 도래를 앞당긴다고 생각했습니다. 요즘으로 치면 남북통
일, 정치적 안정, 경제 부흥과 같은 것을 하나님 나라의 표징으

로 여긴 것입니다. 그러나 하나님 나라에 관한 바리새인들의 질문에 대한 예수님의 대답을 쉽게 설명하자면 "네 마음부터 고쳐라. 하나님의 나라는 네 안에 있다"였습니다. 예수님은 "우리 마음속에 먼저 하나님의 나라가 이루어진다면, 우리 가정과 사회와 국가까지 평안해질 것이다"라고 말씀하신 것입니다.

새찬송가 438장 '내 영혼이 은총 입어'의 가사는 누가복음 17장 21절의 말씀을 배경으로 합니다.

(1절) 내 영혼이 은총 입어 중한 죄짐 벗고 보니
슬픔 많은 이 세상도 천국으로 화하도다
(2절) 주의 얼굴 뵙기 전에 멀리 뵈던 하늘나라
내 맘 속에 이뤄지니 날로 날로 가깝도다
(3절) 높은 산이 거친 들이 초막이나 궁궐이나
내 주 예수 모신 곳이 그 어디나 하늘나라
(후렴) 할렐루야 찬양하세 내 모든 죄 사함받고
주 예수와 동행하니 그 어디나 하늘나라

나를 둘러싼 환경과 상관없이 하나님을 모신 곳이 하나님의 나라입니다. 내가 처한 상황과 관계없이 하나님이 함께하시는 곳이 하나님의 나라입니다. 로마서 14장 17-18절은 하나님의 나라는 성령 안에 있는 의와 평강과 희락이라는 사실을 분명히 밝

히고 있습니다.

> 하나님의 나라는 먹는 것과 마시는 것이 아니요 오직 성령 안
> 에 있는 의와 평강과 희락이라 이로써 그리스도를 섬기는 자
> 는 하나님을 기쁘시게 하며 사람에게도 칭찬을 받느니라(롬
> 14:17-18)

그리스도인의 신앙의 본질이 여기에 있습니다. 하나님의 나라는 하나님과 나 사이의 의의 관계가 회복된 곳입니다. 나와 너 사이에 평강이 이루어진 곳입니다. 내 삶에 희락이 넘치는 곳입니다.

지금 당신과 당신의 가정에 하나님과의 관계가 회복되고 평강과 희락이 넘치는 하나님의 나라가 임하길 기도합니다.

8

평강,

사랑과 용서가 넘치는 곳이 하나님 나라다

로마에서 하나님의 사랑하심을 받고 성도로 부르심을 받은 모든 자에게 하나님 우리 아
버지와 주 예수 그리스도로부터 은혜와 평강이 있기를 원하노라(롬 1:7)

성령님은 하나님과 사람 사이에
평강을 주신다

성령님은 하나님과 사람 사이에 평강을 이루어 주시기 위해 오셨습니다. 이 사실을 잘 알고 있었던 사람이 사도 바울이었던 것 같습니다. 신약성경 27권 중 13권이 바울의 서신인데, 그 서신에는 항상 은혜와 평강을 기원하는 인사말이 있습니다. 은혜와 평강을 기원하는 바울의 인사말은 단순한 사교적인 인사가 아닙니다. 그 말에는 바울이 전하는 복음이 함축되어 있습니다.

은혜는 하나님께서 모든 사람들에게 차별 없이 무조건 부어 주시는 것입니다. 하나님께서 악한 자와 선한 자를 가리지 않고 마치 세상 모든 사람들에게 해를 비추시고, 비를 내려 주시는 것과 동일합니다.

> ··· 하나님이 그 해를 악인과 선인에게 비추시며 비를 의로운 자와 불의한 자에게 내려 주심이라(마 5:45)

특히 바울 서신의 인사말에서 은혜란, 모든 사람이 죄를 범하여 하나님의 영광에 이르지 못하기에 하나님께서 예수님을 십자가 죽음에 내어 주신 것을 의미합니다.

> 모든 사람이 죄를 범하였으매 하나님의 영광에 이르지 못하더니 그리스도 예수 안에 있는 속량으로 말미암아 하나님의 은혜로 값 없이 의롭다 하심을 얻은 자 되었느니라(롬 3:23-24)

평강은 우리를 향하신 하나님의 은혜를 성령의 감동으로 깨닫고 믿고 받아들이는 자가 누리는 복입니다.

> 그리스도의 평강이 너희 마음을 주장하게 하라 너희는 평강을 위하여 한 몸으로 부르심을 받았나니 너희는 또한 감사하는 자가 되라(골 3:15)

십자가 사건으로 하나님과 사람 사이에 막혔던 담이 허물어지고 의의 통로가 열렸습니다. 사람과 사람 사이에 원수 되었던 것이 사라졌습니다. 하나님께서는 죄인으로 살다가 티끌같이 사라질 우리를 자녀 삼아 주셨습니다. 하나님의 자녀가 된 우리는 하나님의 은혜를 누리며 평강의 복된 삶을 살게 되었습니다.

> 또 십자가로 이 둘을 한 몸으로 하나님과 화목하게 하려 하심

이라 원수된 것을 십자가로 소멸하시고 또 오셔서 먼 데 있는 너희에게 평안을 전하시고 가까운 데 있는 자들에게 평안을 전하셨으니 이는 그로 말미암아 우리 둘이 한 성령 안에서 아버지께 나아감을 얻게 하려 하심이라(엡 2:16-18)

유대인은 이방인을 사람으로 취급하지 않았습니다. 유대인에게 있어서 이방인과의 동행이나 식사는 상상할 수 없는 일이었습니다. 유대인들은 자신들만이 하나님께 선택받은 성민이고, 이방인들은 버림받은 하찮은 존재라고 생각했습니다.

그러나 이러한 유대인들의 생각은 하나님의 생각과 다릅니다. 하나님께서 성령을 부어 주신 것은 예수님을 주로 영접하는 모든 사람에게 하나님의 자녀가 되는 은혜를 주시기 위함입니다. 유대인과 이방인과의 차별은 있을 수 없습니다. 빈부귀천을 막론하고 그 어떤 사람에게도 차별은 없습니다.

이것은 예수님의 십자가 사건으로 이루어졌습니다. 예수님이 지신 십자가는 수직과 수평이 교차되어 있습니다. 수직은 막혀 있던 하나님과 사람의 관계가 소통되었음을 의미합니다. 수평은 깨졌던 나와 너 사이에 평안이 이루어졌음을 의미합니다.

예수님은 나를 품으시고, 내 손을 붙잡고 하나님 아버지 앞으로 인도해 주십니다. 죄인이었던 우리가 하나님과 화목한 자가 된 것입니다. 즉, 예수님은 평화의 왕으로 오셔서 온 세상을 화목하게 해 주셨습니다.

그렇기 때문에 우리에게도 화목하게 하는 직책이 주어졌습니다. 하나님의 은혜로 구원받아 평강을 누리는 성도는 세상을 화평하게 하는 사람들입니다. 언제나 화목을 도모하며 평강이 넘쳐 나는 사람들이 된 것입니다.

> 화평하게 하는 자는 복이 있나니 그들이 하나님의 아들이라
> 일컬음을 받을 것임이요(마 5:9)

예수 그리스도 안에서 우리는 한 피를 받아 한 몸을 이룬 형제자매입니다. 예수 그리스도 안에서는 죄인도, 원수도 친구로 변합니다. 예수 그리스도 안에서 한없는 평강의 복을 누리는 것입니다.

오스트리아 출신의 유명한 유대계 종교철학자 마르틴 부버(Martin Buber)는 그의 책 《나와 너》(Ich und Du)에서 '태초에 관계가 있었다'라는 말을 합니다. 하나님이 창조한 세상의 모든 것은 관계 속에 있다는 말입니다. 하나님과 사람, 사람과 사람, 사람과 자연에 이르기까지 모든 것은 관계 속에 있습니다. 그런데 이 관계가 사람이 범죄함으로 파괴되었다가, 예수님의 십자가를 통해 회복되었습니다. 태초에 하나님께서 창조하신 온전한 관계로 회복된 것입니다. 하나님과 사람 사이에 의의 길이 열리

고, 사람과 사람 사이에도 평강이 넘치게 되었습니다. 예수님의 십자가 은혜로 하나님과의 관계가 회복되고 은혜와 평강, 사랑과 용서가 넘쳐 남을 감사해야 합니다. 예수 그리스도 안에서 화목이 넘치는 삶이 하나님 나라의 실재입니다.

예수님을 신뢰하면
어떤 순간에도 기뻐할 수 있다

성령님은 우리 안에 희락이 넘쳐 나게 하시기 위해 오셨습니다. 희락은 기쁨과 즐거움입니다. 구원받은 우리의 삶은 언제나 기쁨과 즐거움이 넘쳐야 합니다. 구원받은 확실한 증거가 희락, 즉 기쁨과 즐거움이 넘쳐 나는 삶이기 때문입니다. 하나님께서 부족하고 연약한 나를 용서해 주시고 사랑해 주신다는 것을 알게 된 사람에게는 희락이 넘쳐 납니다. 참된 희락은 하나님의 자녀 된 성도들에게만 넘쳐 납니다. 성령께서 부어 주시는 희락은 세상이 줄 수 없는 기쁨과 즐거움입니다.

항상 기뻐하라 쉬지 말고 기도하라 범사에 감사하라 이것이 그리스도 예수 안에서 너희를 향하신 하나님의 뜻이니라(살전 5:16-18)

하나님의 뜻이 무엇인지 궁금합니까? 그래서 고심하고 질문하며 성경을 뒤적거리는 수고를 하고 있습니까? 이미 하나님의 뜻은 우리에게 알려져 있습니다. 하나님의 뜻은 항상 기뻐하고 쉬지 말고 기도하며 범사에 감사하는 것입니다.

이러한 하나님의 뜻을 알았다면 기뻐할 수 없는 상황에서도 기뻐할 수 있어야 합니다. 그것이 하나님을 신뢰하는 것입니다. 하나님을 기대함으로 감사할 조건이 없어도 감사해야 합니다. 하나님을 의지함으로 어떤 경우에도 불안해하지 말고 기도해야 합니다. '쉬지 말고 기도하라'는 말은 매순간마다 하나님을 의지하라는 것입니다. 절망적인 순간에도 하나님의 은혜를 구하라는 것입니다. 범사에 하나님을 믿고 기뻐하고 기도하며 감사하면 모든 일이 합력하여 선을 이루게 됩니다.

> 마음의 즐거움은 양약이라도 심령의 근심은 뼈를 마르게 하느니라(잠 17:22)

마음의 즐거움이 양약입니다. 마음에 즐거움이 넘쳐 나면 초근목피(草根木皮)로 연명을 해도 오히려 몸에 약이 됩니다. 반면 심령의 근심은 뼈를 마르게 합니다. 마음에 근심이 가득하면 진수성찬을 먹어도 골수가 마르게 됩니다. 심령의 근심을 가진 사람이 뼈가 마르는 것은 당연한 것입니다.

그렇다면 어떻게 마음의 즐거움을 얻을 수 있습니까? 하나님
으로부터 끊임없이 사랑과 생명의 복을 공급받아야 합니다. 하
나님께서 주시는 사랑과 생명의 복을 받아 누리는 성도에게는
원망과 불평이 없습니다. 자신을 향한 하나님의 사랑과 은혜를
알기에 그 어떤 상황에도 낙심하지 않습니다.

　아담의 범죄 이후 사람들은 자기 자신을 사랑하지 못했습니
다. 자신을 미워하고 천대했습니다. 죄의식과 열등감과 피해의
식에 파묻힌 채 힘들게 살아갔습니다. 왜곡된 인생을 살아가니
모든 것이 부정적으로 보이는 것입니다. 남이 잘되는 것을 맘껏
축하하지도 못하고 시기와 질투로 힘들어 했습니다. 자신이 얼
마나 소중한 존재인지조차 전혀 몰랐습니다. 자신이 사랑받고
복 받기 위해 태어난 사람이라는 사실을 상상조차 못했습니다.
내가 나를 좋아하지 않는데 누가 나를 좋아하겠습니까? 내가 나
를 존중하지 않는데 누가 나를 존중하겠습니까?

　사람들의 마음에는 원망, 불평, 시기, 질투, 절망, 낙심과 같은
쓰레기들이 가득합니다. 이러한 비참한 상황에서 벗어나는 유
일한 길은 예수님을 구주로 영접하는 것입니다. 예수님을 구주
로 영접했을 때 그 예수님이 성령의 불로 우리 마음속 원망, 불
평, 시기, 질투, 절망, 낙심 등 모든 죄와 사망의 쓰레기들을 불
태워 주십니다. 우리는 그리스도 예수 안에 있어야만 하나님의
사랑을 깨닫고 말할 수 없는 기쁨과 즐거움으로 충만할 수 있고

자기 자신을 소중하게 여길 수 있습니다.

내가 나를 소중히 여길 수 있게 되는 절대적인 근거는 오직 하나님의 사랑입니다. 언제나 변함없는 하나님의 사랑 안에 머물러 있어야 합니다. 예수님을 주로 믿고 하나님의 은혜를 체험해야 합니다. 우리를 하나님의 자녀로 삼아 주신 은혜에 감사해야 합니다.

평강과 희락을 누리는 믿음의 가문

우리의 가정도 사랑의 하나님을 아버지로 모실 때 행복을 누릴 수 있습니다. 하나님을 기쁨으로 섬길 때 즐거움으로 이웃에게 베풀고 나누어 주는 삶을 살게 됩니다. 이것이 바로 성령 안에서 희락의 삶을 살아가는 성도의 모습입니다.

충남 예산 '오가면'이라는 작은 마을의 한 가정에 영양실조로 소아마비에 걸린 아이가 있었습니다. 힘든 가정 살림에 지친 아이의 어머니는 "예수 믿으면 복을 받는다"라는 말을 어디선가 듣고는 '아, 우리 아이가 살 방법은 예수 믿어서 복 받는 방법밖에 없구나' 생각하고 교회에 나가기 시작했습니다. 집에서 읍내에 있는 교회까지는 1시간 이상 걸어야 하는데, 어머니는 아이들을 데리고 교회에 다니기 시작했습니다.

그런데 소아마비에 걸린 아이가 교회에 있는 풍금에 관심을 보이기 시작했습니다. 처음 풍금을 쳐 보는데도 음계를 정확하게 짚어 내더니, 급기야 그 풍금을 혼자 연습해 찬송가를 연주하는 것이었습니다. 마침내는 교회 반주를 도맡아 할 정도가 되었고, 음악대학에 들어가는 기적 같은 일도 일어났습니다. 아이는 나중에 연세대학교 음악대학 학장까지 지내게 되었습니다. 이 아이가 바로 연세대학교 나인용 교수입니다.

그뿐만이 아닙니다. 나인용 교수의 형은 감리교 감독회장을 지낸 고(故) 나원용 목사이고, 여동생은 서울 은평교회 담임목사의 사모입니다. "예수 믿으면 복을 받는다"는 말씀을 그대로 믿고 기도한 어머니의 기도가 이 가정의 아이들을 하나님께 쓰임 받는, 복이 충만한 사람들로 키워 낸 것입니다.

이처럼 우리 가정에 하나님의 나라가 임하면 의와 평강과 희락이 넘쳐 나게 됩니다. 우리 모두의 가정이 성령 안에서 의와 평강과 희락이 넘쳐 나기를 바랍니다. 의와 평강과 희락이 넘쳐 나면 바로 그곳이 하나님의 나라입니다. 가정뿐만 아니라 직장에서도 성령 안에서 의와 평강과 희락을 누리는 성도가 되어 천국의 지경을 넓혀 가는 행복의 통로가 되기를 원합니다.

3부

축복의 동산

우리 집, 무엇으로 지을까?

내 가정의 중심은

온 우주 만물의 중심이신

하나님입니다

참된 행복은 하나님께서 함께하실 때 누릴 수 있습니다. 하나님이 함께하실 때 승리의 기쁨이 넘쳐 납니다. 하나님이 함께하시지 않으면 우리의 인생은 아무것도 아닙니다.

우주 만물의 중심, 우리 인생의 중심이신 하나님은 축복의 동산으로 가정을 세워 주셨습니다. 그렇기 때문에 우리는 하나님의 테두리 안에서 가정을 생각하고, 가정을 지켜 나가야 합니다.

그러나 사탄은 인간을 온갖 불의와 부정, 반칙과 오남용으로 하나님의 품을 떠나도록 만들고 있습니다. 사탄은 세상의 가장 화려한 문화, 예술, 사상, 이념, 지식, 과학 등으로 끊임없이 인간을 유혹합니다. 인권과 자유, 행복추구권을 앞세워 자기주장을 정당화하며 합리화하고 있습니다.

> 근신하라 깨어라 너희 대적 마귀가 우는 사자같이 두루 다니며 삼킬 자를 찾나니 너희는 믿음을 굳건하게 하여 그를 대적하라 이는 세상에 있는 너희 형제들도 동일한 고난을 당하는 줄을 앎이라(벧전 5:8-9)

유럽 주요국 가운데 동성 결혼을 합법화하지 않은 이탈리아

에서조차 동성 결혼을 찬성하게 되었다는 소식을 들었습니다. 법안이 통과되어 동성간 결합이 실현된 것입니다. 동성간 결합은 배우자로서의 권리와 상속·입양 등 법적 이익을 혼인 관계에 준해 보장하는 제도입니다. 법안 통과로 앞으로 동성 커플들은 서로의 성을 따를 수 있고, 한쪽이 사망했을 경우 남은 배우자가 연금을 수령할 수 있는 권리도 생겼습니다.

어떻게 남자와 남자가 부부가 될 수 있습니까? 어떻게 여자와 여자가 결혼을 해서 호적에 등재하고 이들을 부부라고 말할 수 있겠습니까? 창조주 하나님은 결코 이 일을 허락하지 않으십니다. 그런데 개인의 자유와 행복을 왜 국법으로 막느냐며 아우성치는 사람들이 있습니다. 인간을 도적질하고 죽이고 멸망시키는 사탄의 최고의 수법입니다. 사기꾼일수록 목소리가 크고, 가짜일수록 화려합니다. 거짓일수록 오히려 앞뒤가 잘 맞아 떨어집니다. 진짜보다 가짜가 더 진짜 같습니다. 그러나 이 모두는 변칙이고 사기이며 변용입니다.

모든 과학과 기술은 인간의 편리를 도모하기 위해 만들어졌습니다. 그러나 인간은 이것으로 사람이 무엇이든 할 수 있다고 착각합니다. 이것은 사탄의 눈속임입니다. 사탄은 화려한 색깔로 우리에게 접근합니다. 인권, 자유, 행복, 평화 등을 내세워 하나님의 거룩하신 뜻과 말씀에서 서서히 멀어지게 만듭니다. 광야에서 사냥감을 찾아 헤매는 사자같이 결국 우리를 죽이고 멸망시키는 것이 사탄의 최종 목적입니다.

우리 모두가 하나님을 경외하며 말씀의 도를 지켜 행하므로 복의 복을 받을 수 있기를 바랍니다. 당장은 이런 행동이 어리석고 미련해 보일 수도 있습니다. 시대에 뒤떨어진 것 같을 수도 있습니다. 그러나 하나님의 말씀은 어제나 오늘이나 영원토록 동일합니다.

9

가정,

말씀을 재료로 집을 짓다

여호와를 경외하며 그의 길을 걷는 자마다 복이 있도다 네가 네 손이 수고한 대로 먹을
것이라 네가 복되고 형통하리로다 네 집 안방에 있는 네 아내는 결실한 포도나무 같으며
네 식탁에 둘러앉은 자식들은 어린 감람나무 같으리로다 여호와를 경외하는 자는 이같
이 복을 얻으리로다 여호와께서 시온에서 네게 복을 주실지어다 너는 평생에 예루살렘
의 번영을 보며 네 자식의 자식을 볼지어다 이스라엘에게 평강이 있을지로다(시 128:1-6)

창조의 원리대로 살아갈 때
천국이 된다

하나님께서 인간에게 주신 가장 큰 선물은 가정입니다. 그러므로 하나님께서 의도하셨던 원칙대로 살아간다면 우리 가정은 행복이 넘쳐 나게 되어 있습니다.

하나님께서 의도하셨던 가정의 원칙을 알려면 창조의 원리를 알아야 합니다. 창조의 원리대로 살아갈 때 우리 가정은 천국이 됩니다. 그러나 하나님의 뜻을 저버리고 세상의 원리대로 살아간다면 가정은 깨어지고 파탄에 이릅니다. 하나님 중심의 삶이 인간 중심으로 바뀌는 순간 가정의 불행이 시작됩니다.

> 태초에 하나님이 천지를 창조하시니라 땅이 혼돈하고 공허하며 흑암이 깊음 위에 있고 하나님의 영은 수면 위에 운행하시니라 하나님이 이르시되 빛이 있으라 하시니 빛이 있었고(창 1:1-3)

창조주 하나님께서는 말씀으로 엿새 동안 무에서 유를 창조하셨습니다. 하나님께서 "빛이 있으라" 말씀하시니 빛이 생겼습니다. 엿새 동안 하늘과 땅과 바다, 동물과 식물을 각기 종류대로 만드셨습니다. 마지막으로 하나님의 형상과 모양을 따라 사람을 만드셨습니다.

> 하나님이 이르시되 우리의 형상을 따라 우리의 모양대로 우리가 사람을 만들고 그들로 바다의 물고기와 하늘의 새와 가축과 온 땅과 땅에 기는 모든 것을 다스리게 하자 하시고 하나님이 자기 형상 곧 하나님의 형상대로 사람을 창조하사되 남자와 여자를 창조하시고(창 1:26-27)

피조물 가운데 유일하게 사람만이 하나님의 모양과 형상대로 창조되었습니다. 이는 생김새만을 말하는 것이 아닙니다. 하나님은 영이십니다. 그러므로 사람은 영적인 존재로서, 하나님과 신령한 교제를 나눌 수 있도록 창조되었다는 것입니다. 따라서 우리는 하나님의 말씀에 순종하며 그 말씀대로 살아가야 하는 존재입니다. 다른 피조물과는 전혀 다른 존재로 창조되었습니다.

> 하나님이 그들에게 복을 주시며 하나님이 그들에게 이르시되 생육하고 번성하여 땅에 충만하라, 땅을 정복하라, 바다의 물

고기와 하늘의 새와 땅에 움직이는 모든 생물을 다스리라 하
시니라(창 1:28)

하나님께서 남자와 여자를 만드시고 그들을 축복하셨습니다.

여호와 하나님이 동방의 에덴에 동산을 창설하시고 그 지으
신 사람을 거기 두시니라(창 2:8)

동방의 에덴에 동산을 창설하신 하나님은 하나님의 모양과
형상대로 창조된 사람이 그곳에서 복을 누리며 살게 하셨습니
다. 사람은 그곳에서 하나님을 영화롭게 하며 하나님과 신령한
교제를 나눕니다. 하나님이 허락하신 모든 것을 맘껏 누리며 즐
길 수 있습니다. 행복하고 만족한 인생을 살아가는 것입니다.

해함, 상함, 가난, 질병, 미움, 죽음이 없는 하나님의 나라인 에
덴동산에서 살도록 축복 받은 존재가 사람입니다. 그러나 안타
깝게도 사람이 사탄의 꼬임에 빠져 창조의 질서가 깨어지고 말
았습니다. 결국 하나님의 말씀에 불순종하고 타락한 인간은 하
나님의 동산 에덴에서 쫓겨나고 말았습니다.

에덴동산에서 쫓겨난 인간의 실상을 히브리서 11장은 '외국
인과 나그네'라고 표현합니다. 외국인과 나그네로서 살아간다
는 것을 어떻게 설명할 수 있을까요? 나는 우리나라가 남북으로

분열되어 대치하고 있는 지금까지 가족을 애타게 찾으며 그리워하는 이산가족을 보면, 그들이 바로 히브리서 11장에서 말하는 외국인과 나그네의 삶이 아닐까 생각합니다. 그들은 죽기 전 한 번만이라도 헤어진 가족을 보고 싶은 마음에 매일을 눈물로 지새웁니다. 만일 생을 다해 돌아가셨다면 무덤에라도 한번 가 보는 것이 그들의 소원입니다. 고향의 흙이라도 한번 만져 보는 것이 그들의 바람입니다. 이것이 고향을 떠난 외국인과 나그네의 실상입니다. 외국인과 나그네는 늘 채울 수 없는 외로움과 고단함으로 가슴 한쪽이 빈 것 같습니다. 고향과 헤어진 부모님을 향한 절절한 그리움에 휩싸여 살아갑니다.

> 그들이 이같이 말하는 것은 자기들이 본향 찾는 자임을 나타냄이라 그들이 나온 바 본향을 생각하였더라면 돌아갈 기회가 있었으려니와 그들이 이제는 더 나은 본향을 사모하니 곧 하늘에 있는 것이라 이러므로 하나님이 그들의 하나님이라 일컬음 받으심을 부끄러워하지 아니하시고 그들을 위하여 한 성을 예비하셨느니라(히 11:14-16)

이산가족의 상황이 아니고서야 육신의 고향으로 돌아가고자 한다면 얼마든지 갈 수 있습니다. 그러나 믿음의 사람들에게는 사모해야 할 영원한 본향이 있습니다.

하나님은 본향을 사모하는 이들을 위해 한 성을 예비해 놓으셨습니다. 바로 천국, 하나님 나라입니다. 우리가 아무리 방향을 잃고 길 위에서 방황하고 헤매도 결국은 본향을 향해 갑니다. 살아생전에 천국의 시민권을 얻은 사람은 하나님이 예비하신 영원한 본향으로 돌아갑니다.

그러나 하나님의 자녀가 아닌 사람은 영원한 본향에 들어갈 수 없습니다. 천국 시민권자가 아닌 외국인과 나그네의 삶은 고단할 수밖에 없습니다. 그들은 실의와 좌절 속에서 방황하고 헤매는 불쌍한 존재입니다.

이렇게 사탄의 꼬임에 빠져서 하나님의 에덴동산을 떠나게 된 인간은 가난과 질병, 죽음의 공포 속에 살아가야 했습니다. 현실과 동떨어진 말씀이 아닙니다. 지금도 사탄은 하나님이 아끼고 사랑하는 피조물인 사람을 끊임없이 공격하고 도적질하고 죽이고 멸망시키는 일을 하고 있습니다.

예수님은
파괴된 하나님의 집을 세우기 위해 오셨다

파괴된 하나님의 집을 세우기 위해 우리 가운데 오신 분이 예수 그리스도입니다. 무너진 것을 온전히 세우려고 하나님이 보내신 분입니다. 무너진 가족, 잘못된 가족관계 역시 예수님이 회복시켜 주십니다. 하나님은 당신의 나라를 이 땅에 이루시기 위해 예수님을 보내 주시고 교회를 세우셨습니다.

마태복음 5~7장을 일컬어 '산상수훈'이라고 합니다. 다른 말로 '천국 대헌장'이라고도 부릅니다. 하나님의 백성에게 주어진 은혜의 법을 준행하며 살아야 한다는 의미로 붙여진 이름입니다. 산상수훈의 결론은 이렇습니다.

> 그러므로 누구든지 나의 이 말을 듣고 행하는 자는 그 집을 반석 위에 지은 지혜로운 사람 같으리니 비가 내리고 창수가 나고 바람이 불어 그 집에 부딪치되 무너지지 아니하나니 이는 주추를 반석 위에 놓은 까닭이요 나의 이 말을 듣고 행하지 아니하는 자는 그 집을 모래 위에 지은 어리석은 사람 같으리니 비가 내리고 창수가 나고 바람이 불어 그 집에 부딪치매 무너져 그 무너짐이 심하니라(마 7:24-27)

우리는 말씀을 듣기는 들어도, 알기는 알아도 말씀대로 행하지는 않습니다. 어제오늘의 문제가 아닙니다. "부뚜막의 소금도 넣어야 짜다", "구슬이 서 말이라도 꿰어야 보배"라는 속담이 있습니다. 세상적인 유혹과 철학으로는 절대로 영원하고 신령한 집을 세울 수 없습니다. 비가 오고 바람이 불면 무너져 버리는 재료로는 불가능합니다. 예수님을 믿으면서도 세상의 염려 근심에 눌려서 사는 사람들이 있습니다. 조금만 자기 마음에 맞지 않으면 교회를 떠나고 급기야 신앙마저 버립니다. 하나님의 말씀을 재료로 집을 짓지 않았기 때문입니다. 자신의 생각과 마음대로 집을 지으면 금방 무너지고 맙니다.

> 내게 주신 하나님의 은혜를 따라 내가 지혜로운 건축자와 같이 터를 닦아 두매 다른 이가 그 위에 세우나 그러나 각각 어떻게 그 위에 세울까를 조심할지니라 이 닦아 둔 것 외에 능히 다른 터를 닦아 둘 자가 없으니 이 터는 곧 예수 그리스도라 만일 누구든지 금이나 은이나 보석이나 나무나 풀이나 짚으로 이 터 위에 세우면 각 사람의 공적이 나타날 터인데 그날이 공적을 밝히리니 이는 불로 나타내고 그 불이 각 사람의 공적이 어떠한 것을 시험할 것임이라 만일 누구든지 그 위에 세운 공적이 그대로 있으면 상을 받고 누구든지 그 공적이 불타면 해를 받으리니 그러나 자신은 구원을 받되 불 가운데서 받은 것 같으리라(고전 3:10-15)

인생의 가장 기본적인 터는 예수 그리스도입니다. 그 위에 집을 짓는 것은 사람의 몫이며 선택입니다. 천하 인간 중에 구원을 얻을 만한 이름은 오직 예수 그리스도밖에 없습니다. 세상에는 수많은 철학과 가르침이 넘쳐 나고 있습니다. 인간의 윤리와 도덕을 가르칠 수는 있으나 그 안에 구원은 없습니다. 다른 종교와 철학을 통해 구원을 얻을 수 있다면 하나님의 아들이신 예수 그리스도가 인간의 몸을 입고 이 세상에 올 이유도, 필요도 없었습니다.

내 땅에 내 집을 지으려고 해도 반드시 관할 관청에서 건축 허가를 받아야 합니다. 사전에 확인해야 할 것들이 상당히 많습니다. 지목(地目)도 확인해야 하고, 설계도도 허가를 받아야 합니다. 철근 하나까지도 시공 전에 세세히 확인받아야 합니다. 설계도대로 정확하게 지어지고 있는지 중간에 확인하는 감독자도 있습니다. 설계도대로 짓지 않았다면 건축이 중단됩니다. 건물이 다 지어진 후에도 준공검사를 받아야만 사용할 수 있습니다. 나의 소유라고 내 마음대로 할 수 있는 것은 하나도 없습니다.

믿음의 집 또한 마찬가지입니다. 어떤 사람은 금으로, 어떤 사람은 은으로, 어떤 사람은 보석으로 집을 짓습니다. 어떤 사람은 나무나 풀이나 짚으로 집을 짓습니다. 이렇게 지어 놓은 집들은 반드시 시험하는 때가 옵니다. 바로 하나님의 준공검사입니다. 시험의 방법으로는 불이 사용됩니다. 금이나 은이나 보석으로 집을 지은 사람은 합격입니다. 그러나 나무나 풀이나 짚으로 지은 집은 모두 불에 타 버리니 불합격입니다. 아무리 오랜 시간과 공을 들였어도 여타한 노력이 모두 허사입니다. 금이나 은이나 보석은 무엇입니까? 자신에게 있어 가장 소중하고 가치 있는 것입니다. 땀과 눈물, 가슴 저린 수고와 대가를 치러야만 얻을 수 있습니다. 나무나 풀이나 짚은 언제든지 손쉽게 누구나 구할 수 있습니다.

하나님을 경외한다면 최상 최고로 하나님을 섬기고 예배하며 영화롭게 해야 합니다. 심심풀이로 교회 나오는 것이 아닙니다. 이런 예배는 하나님이 받으시지 않습니다. 필요 없어서 주는 것은 선물이 아닙니다. 최고 최상의 것으로 아낌없이 기쁨으로 드리는 것이 선물입니다.

고린도전서 3장 10절 이하의 말씀으로 강론한 곽선희 목사님의 글을 읽은 적이 있습니다. 목사님은 1951년도에 강화도 교동도에서 군복무를 하면서 상용리교회에 출석했다고 합니다. 그곳은 조그마한 막사교회였고 군부대에서 교회까지 몇 십 킬로미터가 넘는 거리였으나 주일이면 꼭 그곳에서 예배를 드렸습니다. 그 교회의 어느 권사님 한 분 때문에 먼 거리도 마다하지 않은 것입니다.

권사님은 신실한 믿음의 소유자로 구제와 전도에 힘썼고 특별히 군인들에게는 어머니와 같은 존재였습니다. 어느 날, 권사님의 며느리가 어린 손자를 남겨 놓고 갑자기 죽었습니다. 청천벽력과도 같은 소식이었습니다. 많은 사람들이 이렇게 믿음이 좋은 가정에 어떻게 이런 일이 일어났는지 몹시 안타까워했습니다. 며칠이 지나지 않아 갑자기 권사님도 돌아가셨습니다.

60~70년 전 시골에서는 이런 일이 발생해도 의사가 와서 부검조차 하지 않았습니다. 그저 죽으면 그만입니다. 완전히 의식 불명이 된 권사님은 고요하게 잠자는 것 같았습니다. 숨결을 느낄 수는 없었으나 이상하게 온기가 느껴졌습니다. 하루가 지나도 여전히 가슴이 따뜻했습니다. 사람들은 장례가 급한 것이 아니니 잠시 기다려 보자고 했습니다. 권사님은 마치 주무시다가 일어난 사람처럼 일주일 만에 깨어났습니다. 가족은 물론 이웃 사람들도 깜짝 놀라 어떻게 된 일인지 자초지종을 물었습니다. 그때 권사님의 간증이 시작되었습니다.

권사님은 하나님이 부르셔서 천국에 갔는데 천국에 도착하자마자 하나님께 항의를 했다고 합니다.

"착한 며느리를 먼저 데려가시고 어린 손자만 하나 남겨 놓았는데 나까지 데려오시면 어떻게 하라는 것입니까!"

하나님께서는 "듣고 보니 네 말이 맞다"고 하시더니 권사님에게 천국을 보여 주셨습니다. 권사님의 눈앞에 상상조차 할 수 없는 놀라운 광경이 펼쳐졌습니다. 천국에는 좋은 집, 좋지 않은 집, 문패가 있는 집, 문패가 없는 집, 짓다가 만 집, 터만 있는 집 등 각양각색의 집이 있었습니다. 권사님은 순간 이상한 생각이 들었습니다. 어떻게 천국에 짓다가 만 집, 터만 있는 집이 있는지 궁금해졌습니다. 천사에게 물으니 아직 재료가 올라오지 않았기 때문이라고 대답했습니다. 즉, 믿음생활을 열심히 했으나 곧 시험에 들어서 믿음을 잃어버리고 교회를 떠난 사람들을 지칭하는 말입니다. 권사님의 생생한 간증은 우리에게 큰 깨달음을 줍니다.

> 너희를 위하여 보물을 땅에 쌓아 두지 말라 거기는 좀과 동록이 해하며 도둑이 구멍을 뚫고 도둑질하느니라 오직 너희를 위하여 보물을 하늘에 쌓아 두라 거기는 좀이나 동록이 해하지 못하며 도둑이 구멍을 뚫지도 못하고 도둑질도 못하느니라 네 보물 있는 그곳에는 네 마음도 있느니라(마 6:19-21)

세상의 부귀영화, 명예, 권세는 일순간에 바람처럼 사라지고 흩어집니다. 그러나 하늘에 쌓아 놓은 보물은 절대로 상함이 없습니다. 도적질 당하지도 않습니다. 그래서 성경은 무슨 일을 하든지 하나님의 영광을 위해서 하라고 합니다.

> 그런즉 너희가 먹든지 마시든지 무엇을 하든지 다 하나님의 영광을 위하여 하라(고전 10:31)

> 한 사람이 두 주인을 섬기지 못할 것이니 혹 이를 미워하고 저를 사랑하거나 혹 이를 중히 여기고 저를 경히 여김이라 너희가 하나님과 재물을 겸하여 섬기지 못하느니라(마 6:24)

한 사람이 절대로 두 주인을 섬길 수 없습니다. 이것은 너무나 확연하고 분명한 말씀, 핑계대고 변명할 수 없는 진리의 말씀입니다.

가족 구원을 이루는 최고의 재목은 영성이다

> 여호와를 경외하며 그의 길을 걷는 자마다 복이 있도다 네가 네 손이 수고한 대로 먹을 것이라 네가 복되고 형통하리로다 네 집 안방에 있는 네 아내는 결실한 포도나무 같으며 네 식탁에 둘러앉은 자식들은 어린 감람나무 같으리로다(시 128:1-3)

그야말로 아름답고 행복한 한 편의 그림과 같은 복된 말씀입니다. 온 가족이 하나 되어 행복의 동산을 만들어 가는 아름다운 모습이 말씀 속에 펼쳐져 있습니다. 그야말로 가화만사성입니다. '집안이 화목하면 모든 일이 잘 이루어진다'는 것입니다. 모든 일은 가정에서부터 비롯됩니다.

가정은 공동생활의 최소 단위이며 사회생활의 출발점입니다. 따라서 가정이 화목하지 않으면 가족 구성원 간에 갈등이 생기고 결국은 반목하게 됩니다. 집안이 평안하고 자녀들이 복을 받으려면 서로의 수고를 보듬고 존중해 주어야 합니다. 행복의 동산을 함께 가꿔 나갈 때 하나님의 은혜와 사랑이 넘쳐 납니다.

> 할렐루야, 여호와를 경외하며 그의 계명을 크게 즐거워하는
> 자는 복이 있도다 그의 후손이 땅에서 강성함이여 정직한 자
> 들의 후손에게 복이 있으리로다 부와 재물이 그의 집에 있음
> 이여 그의 공의가 영구히 서 있으리로다(시 112:1-3)

'그의 계명'이란 하나님의 말씀이며 주님의 가르침입니다. 하나님을 경외하고 그의 말씀을 지켜 행하면 복이 있습니다. 그러니 내가 먼저 왕 같은 제사장이 되어 말씀을 지켜 행하고 가족 구원을 위해 눈물로 기도해야 합니다.

> 그러나 너희는 택하신 족속이요 왕 같은 제사장들이요 거룩
> 한 나라요 그의 소유가 된 백성이니 이는 너희를 어두운 데서
> 불러 내어 그의 기이한 빛에 들어가게 하신 이의 아름다운 덕
> 을 선포하게 하려 하심이라(벧전 2:9)

구약시대에는 제사장의 역할은 반드시 남자라야 했습니다. 그러나 은혜의 시대가 도래하면서 누구나 왕 같은 제사장으로 임명받았습니다. 이제 우리 가정에서는 먼저 믿어 가족 구원을 위해 눈물로 간구하는 자가 왕 같은 제사장 역할을 하는 것입니다.

순복음노원교회는 여리고새벽기도회를 하면서 큰 은혜를 받았습니다. 기도회 내내 성도님들의 말씀과 간증이 끊이지 않았던 것입니다. 그중 몇 가지 이야기가 기억에 남습니다.

난치병으로 힘든 시간을 보내던 초등학생 아이가 있었습니다. 다행히도 아이는 교회에 오게 되었고 하나님의 자녀가 되었습니다. 그러나 아이의 부모는 아직 하나님을 믿지 않았기 때문에 늘 아이의 기도제목은 부모님의 구원이었습니다.

아이가 병으로 병원에 입원을 하게 되자 부모는 절박한 심정으로 아이를 돌보며 아이의 건강을 기원했습니다. 그러던 어느 날, 부모는 우연히 병실에 놓아 둔 아이의 일기장을 보았습니다. 일기장 곳곳에 '우리 엄마 아빠 예수님 믿고 구원받게 해주세요'라고 빼곡히 적혀 있었습니다. 부모는 그 간절한 기도대로 마침내 하나님을 믿고 구원을 받게 되었습니다.

아내가 먼저 예수를 믿고 구원받은 가정의 이야기도 있습니다. 교회에 나와 하나님의 은혜를 체험한 아내는 남편의 구원을 위해 불철주야 눈물로 기도했습니다. 기도하는 중에도 남편이 매일같이 술을 마시고 들어와 아내를 핍박하곤 했습니다. 아내는 가슴이 새카맣게 타들어 가도 왕 같은 제사장의 마음을 가지고 타협 없는 믿음으로 남편의 구원을 위해 쉼 없이 눈물의 기도를 드렸습니다. "누구든지 나를 따라오려거든 자기를 부인하고 자기 십자가를 지고 나를 따를 것이니라"(마 16:24)는 말씀을 부여잡고 자기 몫의 십자가는 남편이라 생각하며 죽기 살기로 하나님께 매달려 기도했습니다.

아내의 눈물의 기도와 헌신으로 마침내 남편은 교회에 나와 주님을 영접하였고 하나님의 자녀로 거듭났습니다. 지금은 순복음노원교회 장로로 기름부음 받고 자자손손 아브라함의 기업을 상속받는 영광을 누리게 되었습니다. 아·이·야 신앙 가문을 이루게 된 것입니다.

왕 같은 제사장이란, 예수님을 믿고 구원받아 말씀과 성령으로 충만한 사람을 일컫는 말입니다. 영성이 있는 사람을 지칭하는 말이기도 합니다.

왕 같은 제사장이 되어 가족 구원을 위해 눈물로 씨를 뿌리면 반드시 기쁨으로 단을 거둘 때가 도래합니다. 믿음의 건축물도 기도와 말씀으로 세워져야 합니다. 영성이 최고의 재목입니다. 절대로 낙심하거나 포기하지 마십시오. 하나님께서 나를 왕 같은 제사장으로 세워 주셨으니 내 몫의 십자가를 지고 골고다 십자가의 언덕길을 오르면 반드시 기적이 일어납니다. 하나님의 결재가 떨어지는 순간 원수 마귀는 일곱 길로 흔적도 없이 사라집니다. 인생의 설계도인 하나님의 말씀대로 행복의 동산을 가꾸면 '사랑의 하나님을 아버지로 모신 가정, 행복한 우리 가족'으로 재탄생되는 것입니다.

10

성령님,

연약한 우리를 강하게 하다

이와 같이 성령도 우리의 연약함을 도우시나니 우리는 마땅히 기도할 바를 알지 못하나 오직 성령이 말할 수 없는 탄식으로 우리를 위하여 친히 간구하시느니라 마음을 살피시는 이가 성령의 생각을 아시나니 이는 성령이 하나님의 뜻대로 성도를 위하여 간구하심이니라 우리가 알거니와 하나님을 사랑하는 자 곧 그의 뜻대로 부르심을 입은 자들에게는 모든 것이 합력하여 선을 이루느니라(롬 8:26-28)

성령 받은 사람에게
기적은 일상이다

성령님은 내가 믿음의 선한 싸움에서 승리할 수 있도록 말할 수 없는 탄식으로 간구하십니다. 우리의 연약함 때문에 안타까워하며 가슴을 치며 내 안에서 기도하시는 것입니다.

복음에는 커다란 세 가지 줄기가 있습니다. 성육신하신 예수님이 공생애 기간에 하나님 나라의 일을 보여 주신 것, 죄 없으신 예수님이 하나님의 계획과 뜻 안에서 저주의 형틀인 십자가에서 고난받고 죽으신 것, 고난받고 죽으신 예수님이 부활 승천하셔서 보혜사 성령을 보내 주심으로 그를 믿는 자들에게 권능을 주신 사건입니다.

많은 신학자와 목사들 가운데 예수님의 생애와 십자가 고난과 죽음, 부활까지는 힘주어 말하지만 성령의 부어 주심에 대해서는 침묵으로 일관하는 사람들이 있습니다. 이는 사복음서는 있으나 사도행전은 없는 목회와 설교를 하고 있다 해도 지나침이 없습니다.

사도행전은 성령의 시대를 여는 책입니다.

내가 아버지께 구하겠으니 그가 또 다른 보혜사를 너희에게 주사 영원토록 너희와 함께 있게 하리니 그는 진리의 영이라 세상은 능히 그를 받지 못하나니 이는 그를 보지도 못하고 알지도 못함이라 그러나 너희는 그를 아나니 그는 너희와 함께 거하심이요 또 너희 속에 계시겠음이라(요 14:16-17)

그러나 내가 너희에게 실상을 말하노니 내가 떠나가는 것이 너희에게 유익이라 내가 떠나가지 아니하면 보혜사가 너희에게로 오시지 아니할 것이요 가면 내가 그를 너희에게로 보내리니(요 16:7)

성령 충만은 비단 오순절 교단에서만 하는 이야기가 아닙니다. 이는 예수님이 친히 말씀하신 하나님의 약속입니다. 예수님은 부활하신 후 40일 동안 제자들에게 당부에 당부를 거듭하며 성령 충만에 대해 말씀하셨습니다.

볼지어다 내가 내 아버지께서 약속하신 것을 너희에게 보내리니 너희는 위로부터 능력으로 입혀질 때까지 이 성에 머물라 하시니라(눅 24:49)

하나님의 약속은 위로부터 내려오는 능력입니다. 세상의 명예나 권세가 아닙니다. 조직에서의 직분은 더더욱 아닙니다. 예수님은 하늘에서 내려 주시는 능력을 덧입을 때까지 예루살렘을 떠나지 말라고 하셨습니다.

> 요한은 물로 세례를 베풀었으나 너희는 몇 날이 못 되어 성령으로 세례를 받으리라 하셨느니라(행 1:5)

> 오직 성령이 너희에게 임하시면 너희가 권능을 받고 예루살렘과 온 유대와 사마리아와 땅끝까지 이르러 내 증인이 되리라 하시니라(행 1:8)

지금은 성령의 시대입니다. 삼위일체 하나님께서 성령으로 역사하십니다. 시간과 공간을 초월해 성령님이 일하고 계십니다. 성령님이 오셔야 예수님을 주님으로 증거할 수 있습니다.

> 그러므로 내가 너희에게 알리노니 하나님의 영으로 말하는 자는 누구든지 예수를 저주할 자라 하지 아니하고 또 성령으로 아니하고는 누구든지 예수를 주시라 할 수 없느니라(고전 12:3)

우리는 성령의 감동 감화가 있어야 예수 그리스도를 구주로 영접하고 예수를 주라 시인할 수 있습니다. 성령으로 인해 우리 또한 신령과 진정으로 예배를 드릴 수 있습니다.

예수님은 하나님 아버지께서 약속하신 성령을 받으라는 말씀을 제자들에게 하셨습니다. 제자들이 누구입니까? 예수님이 직접 택한 사람들입니다. 그들은 예수님과 함께 침식을 하며 보고 듣고 배웠습니다. 세례도 받았습니다. 제자들은 이미 중생한 사람들입니다.

그런데 예수님은 제자들을 향해 예루살렘을 떠나지 말고 아버지가 약속하신 것을 기다리라고 하셨습니다. 이는 성령으로 세례를 받으라는 것입니다. 성령의 권능을 받아야 하나님의 증인이 될 수 있습니다.

> 이와 같이 성령도 우리의 연약함을 도우시나니 우리는 마땅히 기도할 바를 알지 못하나 오직 성령이 말할 수 없는 탄식으로 우리를 위하여 친히 간구하시느니라 (롬 8:26)

우리는 마치 어린아이와 같습니다. 이제 막 군에 입대한 훈련병과 같습니다. 훈련병은 즉시 전쟁에 나갈 수도, 싸워 이길 수도 없습니다. 어린 아기 역시 태어나자마자 제대로 사람 구실을 할 수 없습니다. 자라면서 힘과 능력이 쌓여야 합니다.

군인이라고 해서 다 같은 군인이 아닙니다. 훈련병이 있는가 하면 이미 최적화된 전투병이 있습니다. 예수님을 믿는 것도 마찬가지입니다. 예수님을 믿는다는 사실은 같으나 성령을 통해 권세와 능력을 받아야 합니다. 예수님의 제자들은 예수님과 함께 있을 때 자신들이 대단하다고 생각했습니다. 예수님이 귀신을 내쫓을 때, 오병이어의 기적을 보일 때 그들은 기세등등했습니다. 마치 자신들이 기적을 행한 것 같은 착각 속에 의기양양했을 것입니다. 그러나 예수님이 떠나신 후 그들은 누구보다도 무기력했습니다. 그들에게 아직 성령의 권능이 임하지 않았기 때문입니다.

우리도 마찬가지입니다. 교회에 다닌 지 10년이 지났어도 성령을 받지 않으면 아무 능력이 없습니다. 함께 기도하고 찬송할 때는 나도 무언가 하는 것 같으나 막상 혼자서 하려면 안 됩니다. 왜 그렇습니까? 연약하기 때문입니다. 성령 없이 우리는 믿음 안에서 홀로 서기는커녕 늘 제자리걸음만 할 뿐입니다.

이러한 우리의 모습을 안타깝게 여기시는 성령님은 친히 우리를 위해 간구해 주십니다. 성령께서 우리를 위해 친히 탄식하고 기도하며 우리의 연약함을 도와주시는 것입니다.

당당했던 제자들은 예수님 없이는 아무것도 할 수 없었습니다. 예수님의 수제자 베드로마저 제자리로 돌아가 디베랴 호숫가에서 그물을 추스르고 있었습니다. 예수님이 떠나신 후 '예수'라는 이름조차 입에서 꺼내지 못하는 무용지물이 되고 말았습니다.

그러나 오순절 성령을 받자마자 제자들은 세상이 감당할 수 없는 사람으로 돌변했습니다. 대제사장의 뜰에서 예수님을 부인했던 베드로가 바로 그 대제사장과 수많은 종교지도자들 앞에서 담대하게 예수 그리스도의 복음을 전하게 된 것입니다. 파격적인 변화입니다. 성령이 임하시면 이와 같이 범사가 달라집니다. 우리 자신이 변화를 추구한다고 해서 변화되는 것이 아닙니다. 성령의 힘이 필요합니다.

우리는 신앙의 연조나 직분과 상관없이 모두가 연약합니다. 자기 앞가림도 하지 못하고, 자기 몫도 챙기지 못합니다. 왕 같은 제사장이나 그 역할도 감당하지 못합니다. 연약하기 때문입니다. 그렇기 때문에 우리는 보혜사 성령님을 인정하고 환영하고 우리 안에 모셔야 합니다.

성령을 받은 사람에게는 기적이 일상이 됩니다. 하나님의 사랑과 은혜와 능력이 강물처럼 흘러 강하고 담대해집니다.

성령님은 비겁하고 연약한 우리를
강하고 담대하게 하신다

어떤 사람은 '나는 연약하지 않다'고 합니다. 스스로 몸과 마음이 강하다고 생각합니다. 그래서 우리는 연약한 사람들이라는 말을 이해하지 못합니다. 그러나 그런 사람들도 가만히 보면 말 한마디에 상처를 입고 쉽게 화를 내고 시험에 듭니다. 마음이 연약한 까닭입니다. 나이나 환경, 학력이나 건강에 상관없이 우리는 한낱 말 한마디에 울고 웃습니다.

죽고 사는 것이 혀의 힘에 달렸나니 혀를 쓰기 좋아하는 자는
혀의 열매를 먹으리라(잠 18:21)

그러나 하나님은 우리가 연약한 채로 있기를 원하지 않으십니다. 하나님은 우리에게 강하고 담대하라고 하십니다. 언제나 우리와 함께하시겠다고 하십니다. 그렇다면 우리는 어떻게 강하고 담대할 수 있을까요?

하나님은 여호수아에게 오직 강하고 담대하라고 말씀하시지만, 어떤 표적이나 증거를 주진 않으셨습니다. 오직 믿음으로 하나님의 말씀을 지켜 행하라고만 하셨습니다.

오직 강하고 극히 담대하여 나의 종 모세가 네게 명령한 그
율법을 다 지켜 행하고 우로나 좌로나 치우치지 말라 그리하
면 어디로 가든지 형통하리니 이 율법책을 네 입에서 떠나지
말게 하며 주야로 그것을 묵상하여 그 안에 기록된 대로 다
지켜 행하라 그리하면 네 길이 평탄하게 될 것이며 네가 형통

하리라 내가 네게 명령한 것이 아니냐 강하고 담대하라 두려
워하지 말며 놀라지 말라 네가 어디로 가든지 네 하나님 여호
와가 너와 함께하느니라 하시니라(수 1:7-9)

하나님이 나와 함께하신다는 사실에 증거나 표적이 필요한
것이 아닙니다. 오직 믿음이면 됩니다. 이러한 믿음에 인을 쳐
주시는 분이 성령님입니다. 성령님은 내가 구원받고 하나님의
자녀가 된 사실을 내 안에서 확증시켜 주십니다.

너희는 다시 무서워하는 종의 영을 받지 아니하고 양자의 영
을 받았으므로 우리가 아빠 아버지라고 부르짖느니라(롬 8:15)

성령님이 내 안에 들어오셔야 하나님이 나와 함께하신다는
사실이 그대로 믿어집니다.

성령을 받기 전 베드로는 자신이 예수님을 가장 사랑할 뿐만
아니라 엄청나게 잘난 줄 알았습니다. 다른 사람들이 그를 바라
보면 주눅이 들 정도로 저돌적이었습니다. 사람들은 베드로가
굉장히 강한 사람이라고 생각했을 것입니다. 그러나 예수님이
체포되어 심문당하실 때 그는 멀리 숨어서 예수님을 지켜보기
만 했습니다. 사람들이 베드로를 알아보자 그는 거침없이 예수
님을 세 번이나 저주하며 부인했습니다. 베드로는 사실 이렇게

연약한 사람이었던 것입니다.

　연약한 베드로에게 부활하신 주님이 찾아오셨습니다. 예수님은 베드로의 마음을 어루만져 주시며 사명을 주셨습니다. 그리고 예수님이 떠나신 후 베드로는 오순절 성령의 불을 받았습니다. 그러자 베드로는 예수님을 부인할 때와는 천양지차의 사람이 되었습니다. 거리낌 없이, 담대하게, 자발적으로 예수 그리스도의 부활 소식을 전했습니다.

　예수님을 체포하고 심문했던 산헤드린 공의회에서 베드로와 요한을 체포해 그들을 심문했습니다. 제사장들은 베드로와 요한을 윽박지르며 협박까지 했습니다. 그때 베드로는 권력이나 사람 앞에 굴하지 않고 강하고 담대하게 외쳤습니다.

> 너희와 모든 이스라엘 백성들은 알라 너희가 십자가에 못 박고 하나님이 죽은 자 가운데서 살리신 나사렛 예수 그리스도의 이름으로 이 사람이 건강하게 되어 너희 앞에 섰느니라 이 예수는 너희 건축자들의 버린 돌로서 집 모퉁이의 머릿돌이 되었느니라 다른 이로써는 구원을 받을 수 없나니 천하 사람 중에 구원을 받을 만한 다른 이름을 우리에게 주신 일이 없음이라 하였더라(행 4:10-12)

　복음 중의 복음이 베드로의 입에서 총알같이 쏟아져 나왔습니다. 예수님을 세 번이나 부인했던 비겁자 베드로가 수많은 권력자들 앞에서 당당하게 부활의 소식을, 복음을 외친 것입니다.

우리는 연약합니다. 문제 앞에 어찌할 바를 모릅니다. 기도도 할 줄 모릅니다. 그러나 성령님은 비겁하고 연약한 우리에게도 강하고 담대한 믿음의 확신을 불꽃처럼 일으켜 주십니다. 연약하고 무지한 우리를 강하고 담대하게 인도해 주십니다. 이 놀라운 은혜를 우리 모두 맛보아 체험할 수 있기를 기도합니다.

> 어두운 데에 빛이 비치라 말씀하셨던 그 하나님께서 예수 그리스도의 얼굴에 있는 하나님의 영광을 아는 빛을 우리 마음에 비추셨느니라(고후 4:6)

> 우리가 사방으로 우겨쌈을 당하여도 싸이지 아니하며 답답한 일을 당하여도 낙심하지 아니하며 박해를 받아도 버린 바 되지 아니하며 거꾸러뜨림을 당하여도 망하지 아니하고 우리가 항상 예수의 죽음을 몸에 짊어짐은 예수의 생명이 또한 우리 몸에 나타나게 하려 함이라(고후 4:8-10)

성령님은
우리의 연약한 육신을 치료하신다

　우리는 마음뿐 아니라 육신도 연약합니다. 육신은 혼과 육을 함께 아우르는 말입니다. 사도 바울은 로마서 7장에서 이렇게 고백합니다.

> … 그런즉 내 자신이 마음으로는 하나님의 법을 육신으로는
> 죄의 법을 섬기노라(롬 7:25)

　성령 충만하면 내 안에 진치고 있는 병마가 떠나갑니다. 예수님은 병을 고치실 때 병명이나 상황 등 여타한 것들을 물어보지 않으셨습니다. 오직 하나님의 말씀으로 귀신을 내쫓으셨습니다. 하나님의 말씀이 선포되면 귀신은 떠나가고 병든 자가 치료를 받습니다. 건강에 좋다는 음식이나 보약, 민간요법 등을 챙기기 전에 먼저 성령님을 찾으십시오. 성령의 권능을 받으면 하나님의 생기가 넘쳐 납니다. 하나님의 영은 살리는 영이기 때문입니다. 성령이 임하면 마른 뼈도 살아납니다. 그리고 마침내 큰 군대가 됩니다.

> 모든 지킬 만한 것 중에 더욱 네 마음을 지키라 생명의 근원

이 이에서 남이니라(잠 4:23)

마음의 즐거움은 양약이라도 심령의 근심은 뼈를 마르게 하느니라(잠 17:22)

병의 70퍼센트 이상이 마음이 원인이 되어 생긴 병이라고 합니다. 먼저 마음부터 고침받아야 합니다. '투병'(鬪病)이라고 했습니다. 병과 싸워서 이겨야 합니다. 마음으로 싸워서 이겨야 합니다. 마음속 즐거움이 양약입니다.

예수 믿고 성령 충만하면 의와 평강과 희락이 넘쳐 납니다. 어떤 환란과 고난과 역경이 있어도 낙심하거나 좌절하지 않습니다. 원망과 불평도 하지 않습니다. 미움이나 분노도 발하지 않습니다. 아무것도 할 수 없을 때 주님만 믿고 의지하며 모든 것을 주님께 맡기면 됩니다. 이런 사람에게는 더러운 귀신이나 질병이 더 이상 붙어 있을 명분이 없습니다. 이런 태도가 스스로에게 최고 최강의 면역체가 됩니다.

육신은 건강하지만 마음이 병든 사람들이 무수히 많습니다. 부모가 자식을, 자식이 부모를, 아내가 남편을, 남편이 아내를 때리고 죽이는 사건 사고들이 끊이지 않고 있습니다. 어떻게 이런 일이 있을 수 있습니까? 마음의 병, 육신의 병이 문제입니다. 성령을 받으면 흉악의 결박이 끊어지고 병 고침을 받습니다.

하나님의 나라는 먹는 것과 마시는 것이 아니요 오직 성령 안
에 있는 의와 평강과 희락이라 이로써 그리스도를 섬기는 자
는 하나님을 기쁘시게 하며 사람에게도 칭찬을 받느니라(롬
14:17-18)

스스로 지혜롭게 여기지 말지어다 여호와를 경외하며 악을
떠날지어다 이것이 네 몸에 양약이 되어 네 골수를 윤택하게
하리라(잠 3:7-8)

지금으로부터 이천 년 전에 기록된 하나님의 말씀입니다. 의
학적으로 누가 연구 발표한 논문이 아닙니다. 하나님이 주신 지
혜의 말씀입니다.

피는 골수에서 생성됩니다. 골수가 윤택해야 피가 깨끗합니다.
날마다 새로운 피가 만들어져야 사람이 건강할 수 있습니다. 그런
데 성경은 산해진미를 먹어야 건강해진다고 말씀하지 않습니다.
하나님의 말씀을 주야로 묵상하고 깨어 기도하면 영과 혼과 육이
건강해진다고 합니다. 우리가 건강해야 평안이 넘쳐 납니다.

하나님은 스스로 치료하는 하나님으로 자신을 소개하십니다.

이르시되 너희가 너희 하나님 나 여호와의 말을 들어 순종하
고 내가 보기에 의를 행하며 내 계명에 귀를 기울이며 내 모

든 규례를 지키면 내가 애굽 사람에게 내린 모든 질병 중 하
나도 너희에게 내리지 아니하리니 나는 너희를 치료하는 여
호와임이라(출 15:26)

그가 찔림은 우리의 허물 때문이요 그가 상함은 우리의 죄악
때문이라 그가 징계를 받으므로 우리는 평화를 누리고 그가
채찍에 맞으므로 우리는 나음을 받았도다(사 53:5)

이는 선지자 이사야를 통하여 하신 말씀에 우리의 연약한 것
을 친히 담당하시고 병을 짊어지셨도다 함을 이루려 하심이
더라(마 8:17)

성령의 불을 받으면 모든 질병이 녹아내립니다. 성령의 불이
내 영혼과 마음과 생각 속에서 활활 타오르면 기쁨과 감사가 넘
쳐 납니다. 보약을 먹어서 건강한 것이 아니라 무엇이든 감사함
으로 먹으면 강건해집니다.

성령님은
세상의 이치를 아는 지식을 주신다

아는 것, 배운 것, 지식이 없는 자는 참으로 연약합니다. 예나

지금이나 제아무리 허우대가 멀쩡해도 지식이 없으면 할 수 있는 것이 제한적입니다.

80세 된 할머니가 시골에서 초등학교를 졸업했습니다. 할머니는 가정 형편상 학교에 다닐 수가 없었습니다. 예전에는 집안 형편이 괜찮아도 여자는 학교에 보내지 않는 경우가 부지기수였습니다. 할머니는 스무 살도 채 되기 전 가난한 집으로 시집을 가서 시집살이를 했습니다.

어떻게 세월이 흘러갔는지도 모르게 바삐 살다 보니 할머니는 어느덧 80세가 되었습니다. 할머니의 한 중의 한은 자기 이름 석 자도 못 쓰는 것이었습니다. 그러던 중 우연찮게 초등학교 과정을 가르치는 곳이 있다는 소식을 들었습니다. 할머니는 마음 먹고 공부를 시작했습니다. 초등학교를 졸업할 무렵에는 군대에 간 손자에게 손수 편지도 썼습니다. 드디어 초등학교를 졸업하게 되었다며 할머니의 기쁜 마음을 전했습니다. 손자가 답장을 보내 왔습니다. 할머니가 최고라면서 너무나 자랑스럽다는 내용의 편지였습니다. 할머니는 천하를 얻은 것만 같았습니다. 손자의 편지에 눈물이 흘러내렸습니다.

내친김에 할머니는 대학교까지 입학하기로 마음을 먹었습니다. 대학교 공부는 초등학교와는 비교할 수 없을 정도로 힘들겠지만, 할머니는 공부하는 방법을 터득했기 때문에 문제가 없다고 생각했습니다. 할머니의 다짐은 확고했습니다.

이처럼 공부와 학문에 대한 열정은 나이에 상관없습니다. 모르는 것이 많으면 자신이 없어지고 세상이 두려워집니다. 그래서 더 공부하고, 더 많이 알아야 한다고 생각합니다. 한편으로는 맞는 말이기도 합니다. 그런데 예수님을 믿는 기독교인이라면 세상의 지식이 아니라 하나님을 아는 지식을 추구해야 합니다.

성령은 진리의 영입니다. 진리가 우리를 자유롭게 합니다. 세상의 학문으로는 하나님을 알 수 없습니다. 내로라하는 박사들조차도 창조주 하나님을 알지 못합니다.

> 그러나 우리가 온전한 자들 중에서는 지혜를 말하노니 이는 이 세상의 지혜가 아니요 또 이 세상에서 없어질 통치자들의 지혜도 아니요 오직 은밀한 가운데 있는 하나님의 지혜를 말하는 것으로서 곧 감추어졌던 것인데 하나님이 우리의 영광을 위하여 만세 전에 미리 정하신 것이라(고전 2:6-7)

세상의 지혜와 하나님을 아는 지혜에는 엄청난 차이가 있습니다. 하나님의 영이 임하시면 하나님의 깊은 것까지도 알 수 있습니다.

> 오직 하나님이 성령으로 이것을 우리에게 보이셨으니 성령은 모든 것 곧 하나님의 깊은 것까지도 통달하시느니라(고전 2:10)

창조주 하나님을 아는 것이 지혜의 근본이며 지식의 근본입니다. 그런데 어떤 사람들은 예수 그리스도를 신학적, 철학적, 종교적으로 믿으려고 하기도 합니다. 인본주의적으로 믿는 사람들도 있습니다. 그러나 그런 방법으로는 예수님을 알 수도, 믿을 수도 없습니다. 세상의 철학이나 종교로는 하나님을 알 수 없습니다.

하나님은 영이십니다. 따라서 성령이 오셔야만 우리가 어디에서 와서, 무엇 때문에 살며, 어디로 가는지 알게 됩니다. 우주 만물이 우연의 산물이 아니라 창조주가 지은 세계라는 사실도 깊이 깨닫게 됩니다.

영이신 하나님이 육신을 입고 이 땅에 오신 것은 하나님의 나라를 보여 주시기 위해서입니다. 우리의 죄를 대속하시기 위해서 이 땅에 오신 것입니다. 말씀이 육신이 되어 우리 가운데 오신 예수님은 우리를 진리 가운데로 인도하십니다. 진리란 무엇입니까? 예수님이 진리의 본체입니다. 예수님을 믿으면 하나님을 믿게 되고, 하나님을 믿으면 하나님의 말씀이 그대로 믿어집니다.

우리가 쓰는 작은 수건에도 친절하게 사용 설명서가 붙어 있습니다. 수건의 재료가 무엇인지, 어떻게 세탁해야 하는지 세세히 표기되어 있습니다. 언어가 달라도, 민족이 달라도 한눈에 알아볼 수 있도록 단순화된 기호로 표시해 놓기도 합니다.

하물며 천지와 바다와 만물이 어떻게 우연히 생길 수 있습니까? 그것을 두고 어떻게 진화라 무책임하게 말할 수 있습니까? 우주와 만물은 창조주에 의해 창조되었습니다. 그러므로 하나님을 아는 것이 지혜와 지식의 근본이며 명철입니다. 하나님을 모르면 이 세상 우주 만물이 우연의 산물이라는 어리석은 말을 합니다. 진화되었다는 말도 서슴지 않습니다. 작은 수건 하나에도 만든 재료와 사용 방법이 적혀 있는데 하나님의 형상과 모양을 따라 지음받은 인간을 아무렇게나 살도록 하나님께서 내버려 두시겠습니까?

사용설명서는 물건을 만든 사람이 만드는 것이지 소비자가 만드는 것이 아닙니다. 이 세상의 사용 설명서는 창조주 하나님께서 만드셨습니다. 특별히 인간의 사용설명서도 만드셨습니다. 그것이 바로 성경입니다. 어떤 사람은 성경이 단순히 이스라엘의 역사라고 말합니다. 그러나 성경은 단순한 역사책이 아닙니다. 성경은 창세 이래로 이 세상에 나타나는 인간의 역사를 이스라엘이라는 나라를 통해 보여 주고 있습니다. 성경에 나와 있는 수많은 사건들이 지금도 인간의 역사 속에서 계속 일어나고 있다는 사실을 알아야 합니다.

성경은 하나님께서 사람을 흙으로 만들었다고 했습니다.

··· 너는 흙이니 흙으로 돌아갈 것이니라 하시니라(창 3:19)

사람이 흙에서 왔으니 흙으로 돌아간다고 했습니다. 그러니 우리는 언젠가 우리가 왔던 그곳으로 돌아갑니다.

새해가 되면 수많은 사람들이 해돋이를 보러 갑니다. 새해 첫날 처음 떠오르는 해를 보며 복을 빌어 보겠다는 의도입니다. 그러나 해는 우리나라 동해안에서 가장 먼저 떠오르는 것이 아닙니다. 태양은 언제나 같은 자리에 그대로 있습니다. 해가 동쪽에서 떠서 서쪽으로 지는 것처럼 보이기 때문에 사람들은 태양이 움직이는 것으로 생각했습니다. 불과 500년 전까지만 해도 지구가 우주의 중심이며, 다른 모든 천체가 정지해 있는 지구의 주위를 돌고 있다는 천동설을 믿었습니다. 지구가 움직일 것이라고는 생각조차 못했습니다.

이처럼 인간의 지식은 한계가 있습니다. 완전한 지혜와 지식은 하나님의 말씀 안에 있습니다. 인간이 풀어 내지 못하는 불가사의한 일들이 도처에 널려 있습니다. 오직 하나님만이 이 모든 것을 낱낱이 알고 계십니다. 세상만사가 우연히 된 것은 하나도 없습니다. 이 모두가 하나님의 섭리 가운데 있으니 하나님을 아는 것이 지혜와 명철의 근본입니다. 하나님을 알고 성경을 아는 사람은 온 세상의 이치를 깨달은 사람입니다. 하나님을 경외하는 자만이 세상에서 당당하게 어깨를 펴고 살아갈 수 있습니다.

성령님은
우리 인생의 절대 가치를 변화시킨다

"수염이 석자라도 먹어야 양반"이라는 말이 있습니다. 이 땅에 살아가는 사람은 돈이나 물질이 없으면 연약할 수밖에 없습니다. 그러나 성령께서 내 안에 계시면 만 가지가 모두 하나님의 은혜입니다.

> 만 입이 내게 있으면 그 입 다 가지고
> 내 구주 주신 은총을 늘 찬송하겠네
> _새찬송가 369장 '만 입이 내게 있으면'

집에서 출발하여 교회까지 오는 동안 자기 명의로 된 땅을 한 뼘이라도 밟은 사람이 몇 명이나 있을까요? 우리는 그런 것 하나 없어도 불편함 없이 잘 살고 있습니다. 내가 아무리 돈이 많아도 하나님 앞에서는 아무것도 아닙니다. 만 가지가 다 하나님의 은혜이고, 우리는 그 은혜를 누리면서 살아가는 것입니다. 하나님이 내 아버지라는 부요의식과 함께 감사하면 하나님께서 이 모든 것을 더할 수 있는 지혜와 능력도 허락해 주십니다.

보이는 것마다 내 것이 아닌 줄 알았는데 성령이 주시는 깨달음을 얻고 보니 풀 한 포기, 꽃 한 송이조차도 나를 위해서 예비하신 하나님의 은혜라는 것을 깨닫게 됩니다. 하나님을 믿는 사람은 예수 그리스도 안에 있는 아브라함의 복을 상속받게 되어 있습니다. 아브라함은 죽어서 천국의 축복만 누린 것이 아닙니다. 생전에도 부족함이 없었습니다. 하루하루 사는 것이 하나님의 은혜요 복입니다. 성령을 받으면 이를 깨닫게 됩니다.

오순절 성령의 불을 받기 전 베드로의 눈에는 현상만 보였습니다. 보이는 것이 전부였습니다. 그러나 성령의 불을 받고 나니 모든 것이 달라졌습니다. 삶의 목적과 가치도 달라졌습니다. 마음이 연약했던 베드로와 예수님의 제자들은 성령의 불을 받고 나는 새도 떨어뜨린다는 로마 권력과 대제사장, 장로들을 말 한 마디로 제압하는 믿음과 용기가 생겼습니다. 성령을 받고 나서야 하나님은 살아 계신다고 당당하게 전할 수 있는 지혜와 능력도 생긴 것입니다.

우리도 그렇습니다. 성령의 세례를 받으면 인생의 절대 가치가 달라집니다. 인생의 목적이 달라지는 것입니다.

구제와 선교에 목숨을 거는 사람들이 있습니다. 내 소유를 모두 가져와 이웃을 위해 쏟아 붓는 사람들도 있습니다. 과연 이런 사람들이 스스로의 힘과 노력으로 이 일을 하는 것이라면 얼마나 힘에 부치겠습니까?

구제와 선교는 내 힘으로 하는 것이 아닙니다. 가진 것이 많아서 하는 것도, 시간이 많거나 할 일이 없어서 하는 것도 아닙니다. 성령을 받고 은혜를 받아 인생의 가치관과 목적이 달라져야 합니다. 성령을 받고 은혜를 받으면 못할 것이 없습니다. 그대로 가만히 앉아 있을 수도 없습니다. 누가 하라고 해서 하는 것이 아니라 기쁨으로 자원해서 자발적으로 하게 됩니다.

이 경지에 도달해야 합니다. 그 맛을 본 자만이 그 맛을 알 수 있습니다. 말로만 들어서는 알 수 없습니다. 보는 것만으로도 알 수 없습니다. '백문이 불여일견, 백견이 불여일행'이라고 했습니다. 반드시 성령 충만을 받아야 합니다. 성령 충만이 우리의 살길입니다. 성령을 받으면 삶의 질과 신앙의 태도가 달라집니다. 사도들이 증명하고 있습니다.

나눠 주고, 꿔 주고, 구제하고, 선교하는 일들은 가진 것 없는 제자들로부터 시작되었습니다. 성령을 받으면 내가 아닌 전능하신 하나님을 바라보기 때문에 내 한계를 보지 않습니다. 성령을 받아서 지혜와 능력을 받게 되면 기도의 능력과 찬송의 능력이 밖으로 흘러나옵니다. 인내하고 용서하고 사랑할 수 있는 능력도 함께 나옵니다. 무엇보다 전도, 선교할 수 있는 지혜와 능력이 나옵니다. 구하지 않기 때문에 성령을 받지 못하고, 은혜를 받지 못하는 것입니다.

미련한 자를 곡물과 함께 절구에 넣고 공이로 찧을지라도 그의 미련은 벗겨지지 아니하느니라(잠 27:22)

미련한 사람은 그 누구도 감당하지 못합니다. 미련한 것이 무엇입니까? 깨닫지 못해 어리석고, 교만하고, 우둔한 것입니다. 미련한 자가 되지 말고 가난한 심정, 갈급한 심정, 사모하는 마음으로 은혜를 구하십시오.

성령이 임하면 세상 소리가 들리지 않습니다. 세상 것이 아닌 하나님의 말씀이 들립니다. 그래서 사도 바울은 자기 명예, 권세, 학문이 예수님을 알고 난 뒤에는 배설물과 같다고 했습니다. 오직 내 안에 예수님만 살아 있는 것입니다.

> 이와 같이 성령도 우리의 연약함을 도우시나니 우리는 마땅히 기도할 바를 알지 못하나 오직 성령이 말할 수 없는 탄식으로 우리를 위하여 친히 간구하시느니라 마음을 살피시는 이가 성령의 생각을 아시나니 이는 성령이 하나님의 뜻대로 성도를 위하여 간구하심이니라(롬 8:26-27)

성령님은 하나님의 뜻대로 나를 위해서 기도해 주십니다. 많은 믿음의 선배들이 하나같이 입을 모아 한 이야기가 있습니다. 성령이 말할 수 없는 탄식으로 우리를 위해 친히 간구하신다는 말씀의 증거가 '방언'이라는 것입니다.

> 내가 만일 방언으로 기도하면 나의 영이 기도하거니와 나의

마음은 열매를 맺지 못하리라 그러면 어떻게 할까 내가 영으로 기도하고 또 마음으로 기도하며 내가 영으로 찬송하고 또 마음으로 찬송하리라(고전 14:14-15)

영으로 기도하는 것은 내 뜻대로 구하는 것이 아니라 하나님의 뜻대로 구하는 것입니다. 영이신 하나님의 성령이 하나님의 언어인 방언으로 기도하는 것입니다. 방언 기도가 터지면 그때 비로소 성령님이 나와 함께하신다는 확신이 생깁니다. 영으로 기도하니 먼저 하나님의 나라와 의를 구하게 됩니다. 방언 기도를 하면서 성경을 읽으면 그때부터 진리의 말씀이 깨달아집니다. 모든 것이 은혜로 다가옵니다.

육신의 생각은 사망이요 영의 생각은 생명과 평안이니라(롬 8:6)

이와 같이 성령도 우리의 연약함을 도우시나니 우리는 마땅히 기도할 바를 알지 못하나 오직 성령이 말할 수 없는 탄식으로 우리를 위하여 친히 간구하시느니라(롬 8:26)

성령님이 우리 속에서 나를 대신하여 탄식하고 계십니다. 성령님은 하나님의 생각을 아시기에 하나님의 뜻대로 기도하십니다. 우리가 기도하면 항상 자신만의 문제를 위해서 기도하지만,

성경은 먼저 그의 나라와 의를 구하라고 말씀합니다. 하나님을 영화롭게 하고 기쁘시게 하는 방법이 무엇입니까? 그 능력과 지혜를 구하고 성령 받기를 갈구해야 합니다.

성령이 임하면 강하고 담대한 사람, 지혜와 능력 있는 사람, 부요하고 건강한 사람으로 변화됩니다. 성령님이 그렇게 탄식하며 기도하십니다. 성령이 아니고서는 예수를 잘 믿을 수가 없습니다. 성령으로 말미암아 예수를 믿는다는 것은 엄마의 태중에서 태어난 것과 같습니다. 자라면서 강해져야 합니다. 하나님의 전신갑주로 무장해야 합니다. 권능 있는 믿음의 사람으로 자라 가야 합니다. 언제까지나 훈련병에 머무르지 말고 적진에 투입될 수 있는 하나님의 군사로 거듭나야 합니다.

영적 전쟁에서 불신앙과 싸워 이기십시오. 싸워 이길 수 있는 능력과 권세를 날마다 성령님께 공급받으십시오. 성령을 받으면 기도하고, 감사하고, 오래 참고, 용서하고, 사랑할 수 있는 힘이 생깁니다. 또한 전도할 수 있는 지혜와 능력도 생깁니다. 성령 충만과 기름 부음이 모든 성도와 가정에 넘쳐 나기를 소망합니다.

11

기적,

하나님은 기도와 눈물을 기억하신다

베드로가 이 말을 할 때에 성령이 말씀 듣는 모든 사람에게 내려오시니 베드로와 함께 온 할례 받은 신자들이 이방인들에게도 성령 부어 주심으로 말미암아 놀라니 이는 방언을 말하며 하나님 높임을 들음이러라 이에 베드로가 이르되 이 사람들이 우리와 같이 성령을 받았으니 누가 능히 물로 세례 베풂을 금하리요 하고 명하여 예수 그리스도의 이름으로 세례를 베풀라 하니라 그들이 베드로에게 며칠 더 머물기를 청하니라(행 10:44-48)

하나님은
우리의 기도와 구제를 기억하신다

　우리는 각자 생각하는 하나님의 모습이 다릅니다. 우리의 기억 속 하나님은 개인마다 다양합니다. 그렇다면 하나님은 우리를 어떤 그리스도인으로 기억하고 생각하실까요? 하나님께 '어떤 사람으로 기억되느냐'는 대단히 중요합니다.

　하나님은 구원받은 모든 성도를 사랑하십니다. 모든 성도에게 한결같은 은혜를 베풀어 주십니다. 그뿐만이 아닙니다. 하나님은 불신자조차도 사랑하셔서 그들이 구원받기를 원하십니다.

　그러나 하나님의 사랑과 은혜의 풍성함에도 불구하고 하나님께서 특별히 기억하시는 사람이 있다는 사실을 분명히 알아야 합니다. 사도행전 10장에는 이방인으로서 처음으로 기독교인이 된 고넬료의 이야기가 등장합니다. 이방인임에도 불구하고 하나님이 기억하셔서 성령 세례와 물 세례를 받아 구원받은 고넬료의 이야기입니다. 고넬료는 유대 총독부가 있는 가이사랴에 주둔한 로마 군대의 백부장이었습니다. 하나님께서는 그의 믿음과 그가 행한 모든 선한 일들, 기도와 구제를 기억하셨습니다.

고넬료가 주목하여 보고 두려워 이르되 주여 무슨 일이니이까 천사가 이르되 네 기도와 구제가 하나님 앞에 상달되어 기억하신 바가 되었으니 (행 10:4)

백부장 고넬료가 기도할 때 하나님의 사자가 나타나서 그를 부릅니다. 하나님의 사자는 고넬료에게 "네 기도와 구제가 하나님 앞에 상달되어 기억하신 바가 되었다"고 말합니다.

고넬료의 기도와 구제를 기억하신 하나님은 우리가 믿음으로 기도하고 찬송하는 예배와 열정적으로 복음을 전하는 전도와 선교를 기억하십니다. 또한 우리가 감사함으로 드리는 십일조와 헌물, 기쁨으로 헌신하는 봉사와 섬김도 기억하십니다. 예수님의 이름으로 행하는 모든 일들을 하나님이 기억하신다는 것을 알아야 합니다.

그때에 히스기야가 병들어 죽게 되매 아모스의 아들 선지자 이사야가 그에게 나아와서 그에게 이르되 여호와의 말씀이 너는 집을 정리하라 네가 죽고 살지 못하리라 하셨나이다 히스기야가 낯을 벽으로 향하고 여호와께 기도하여 이르되 여호와여 구하오니 내가 진실과 전심으로 주 앞에 행하며 주께서 보시기에 선하게 행한 것을 기억하옵소서 하고 히스기야가 심히 통곡하더라 (왕하 20:1-3)

선지자 이사야가 남유다 왕 히스기야에게 곧 죽을 것이라고 예언합니다. 히스기야는 이사야의 예언을 듣자마자 얼굴을 벽으로 향하고 그 자리에 엎드립니다. 히스기야는 통곡하며 하나님께 간절히 기도합니다. 하나님은 히스기야의 통곡과 기도를 들으셨습니다. 하나님은 이사야를 다시 불러 히스기야에게 보냅니다.

> 너는 돌아가서 내 백성의 주권자 히스기야에게 이르기를 왕의 조상 다윗의 하나님 여호와의 말씀이 내가 네 기도를 들었고 네 눈물을 보았노라 내가 너를 낫게 하리니 네가 삼 일 만에 여호와의 성전에 올라가겠고 내가 네 날에 십오 년을 더할 것이며 내가 너와 이 성을 앗수르 왕의 손에서 구원하고 내가 나를 위하고 또 내 종 다윗을 위하므로 이 성을 보호하리라 하셨다 하라 하셨더라 (왕하 20:5-6)

이사야는 하나님이 히스기야의 기도를 들었고 눈물을 보았다고 전합니다. 하나님은 히스기야가 진실과 전심으로 주 앞에 행했던 일들, 선하게 행했던 모든 일들을 기억하셨던 것입니다.

히스기야의 기도와 눈물을 들으시고 보시고 기억하신 하나님은 기적을 베풀어 주셨습니다. 히스기야의 하나님, 고넬료의 하나님이 그들의 기도와 눈물, 구제를 기억하셨듯이 우리의 신앙의 모습도 기억하십니다.

하나님은 고넬료의 환상 가운데 사람을 보내 베드로를 청하라고 말씀하셨습니다.

> 네가 지금 사람들을 욥바에 보내어 베드로라 하는 시몬을 청하라(행 10:5)

당시 이스라엘은 로마의 식민지였습니다. 고넬료는 이스라엘의 점령군인 로마 군대의 백부장이었습니다. 그럼에도 고넬료는 이스라엘을 무시하거나 업신여기지 않았습니다.

> 그가 경건하여 온 집안과 더불어 하나님을 경외하며 백성을 많이 구제하고 하나님께 항상 기도하더니(행 10:2)

사람이 하나님께 갖추어야 할 모범적인 태도가 경건입니다. 경건이라는 말은 하나님을 아버지로 섬겨 예배하는 성도가 가져야 할 신앙의 모습입니다. 성경은 고넬료의 신앙을 '경건하다'고 말씀합니다. 고넬료는 경건하여 온 집으로 더불어 하나님을 경외하며 많은 백성을 구제하고 항상 기도하는 하나님의 사람이었습니다. 고넬료는 모든 집안 식구들에게 사랑받았습니다. 친구와 부하들과 심지어는 종들에게도 인정받았습니다. 고넬료는 자신이 아는 사람들에게 선한 사람으로 칭찬받고 사랑받는 사람이었습니다.

그런 고넬료는 천사의 지시대로 사람들을 베드로에게 보냅니다. 베드로를 청하러 간 하인들이 베드로에게 자기 주인 고넬료를 소개합니다.

> 그들이 대답하되 백부장 고넬료는 의인이요 하나님을 경외하는 사람이라 유대 온 족속이 칭찬하더니 그가 거룩한 천사의 지시를 받아 당신을 그 집으로 청하여 말을 들으려 하느니라 한대(행 10:22)

하나님께서 고넬료의 경건을 기억하셨기에 그를 구원받은 첫 번째 이방인으로 부르셨습니다. 그는 하나님의 은혜로 이방 선교의 문을 활짝 여는 복음 전파의 첫 관문이 되었습니다.

> 고넬료가 이르되 내가 나흘 전 이맘때까지 내 집에서 제 구시 기도를 하는데 갑자기 한 사람이 빛난 옷을 입고 내 앞에 서서(행 10:30)

베드로가 고넬료가 보낸 사람들을 만나 그의 집에 올 때까지 나흘이 걸렸습니다.

> 이튿날 가이사랴에 들어가니 고넬료가 그의 친척과 가까운
> 친구들을 모아 기다리더니(행 10:24)

고넬료는 나흘 동안 가족과 친척, 친구와 하인을 모으고 간절히 베드로를 기다렸습니다. 고넬료는 베드로와 일면식도 없었습니다. 베드로가 와서 무슨 일을 하고, 무슨 말을 할지 전혀 알지 못했습니다. 오직 "베드로를 부르라"는 하나님의 말씀에 순종했을 따름입니다. 고넬료는 하나님의 말씀을 사모하였기에 온 가족과 친척과 친구들을 모으고 베드로를 기다린 것입니다. 이처럼 그는 온전히 하나님을 경외하는 사람이었습니다.

베드로가 고넬료의 집에 와서 말합니다.

> 이르되 유대인으로서 이방인과 교제하며 가까이하는 것이 위
> 법인 줄은 너희도 알거니와 하나님께서 내게 지시하사 아무
> 도 속되다 하거나 깨끗하지 않다 하지 말라 하시기로(행 10:28)

베드로는 먼저 유대인과 이방인의 교제를 금하는 유대 율법을 이야기합니다. 그러나 하나님의 계시를 통해 고넬료의 초청이 성령의 명령인 것을 깨닫고 이 자리에 왔다고 말합니다. 이방인과의 교제는 베드로에게도, 이제 막 태동한 기독교에도 엄청난 사건입니다. 하나님의 구원이 유대인을 넘어 이방인에게도

임하는 은혜의 서막이었기 때문입니다. 사도행전 11장을 보면 고넬료 사건이 얼마나 큰 파장을 일으켰는지를 알 수 있습니다.

베드로는 고넬료의 집에 도착한 후 복음을 전했습니다. 베드로가 그들에게 복음을 전하기 시작할 때에 성령이 임했습니다. 베드로는 하나님의 구원이 이방인에게도 이루어졌다는 것을 확신했기에 그곳에 모인 이방인들에게 침례를 베풀었습니다. 이방인들이 공식적으로 하나님 나라의 백성이 되는 순간입니다.

이 일로 인해 베드로는 유대에 있는 사도들과 성도들에게 거센 비난을 받았습니다.

> 유대에 있는 사도들과 형제들이 이방인들도 하나님의 말씀을 받았다 함을 들었더니 베드로가 예루살렘에 올라갔을 때에 할례자들이 비난하여 이르되 네가 무할례자의 집에 들어가 함께 먹었다 하니(행 11:1-3)

베드로는 오랜 세월 조금도 흔들리지 않고 지켜온 유대의 가장 중요한 전통을 깨 버렸습니다. 베드로는 자신을 비난하는 소리에 맞서 사도행전 10장에 기록된 환상 체험과 고넬료의 집에서 일어났던 일들에 대해 이야기합니다.

> 베드로가 그들에게 이 일을 차례로 설명하여 이르되 내가 욥

바 시에서 기도할 때에 황홀한 중에 환상을 보니 큰 보자기 같은 그릇이 네 귀에 매어 하늘로부터 내리어 내 앞에까지 드리워지거늘 이것을 주목하여 보니 땅에 네 발 가진 것과 들짐승과 기는 것과 공중에 나는 것들이 보이더라 또 들으니 소리 있어 내게 이르되 베드로야 일어나 잡아 먹으라 하거늘 내가 이르되 주님 그럴 수 없나이다 속되거나 깨끗하지 아니한 것은 결코 내 입에 들어간 일이 없나이다 하니 또 하늘로부터 두 번째 소리 있어 내게 이르되 하나님이 깨끗하게 하신 것을 네가 속되다고 하지 말라 하더라 이런 일이 세 번 있은 후에 모든 것이 다시 하늘로 끌려 올라가더라(행 11:4-10)

베드로는 고넬료의 집에 도착하여 복음을 전하기 시작할 때 성령이 그곳에 있던 사람들에게 임했던 일을 설명합니다.

내가 말을 시작할 때에 성령이 그들에게 임하시기를 처음 우리에게 하신 것과 같이 하는지라 내가 주의 말씀에 요한은 물로 세례를 베풀었으나 너희는 성령으로 세례를 받으리라 하신 것이 생각났노라 그런즉 하나님이 우리가 주 예수 그리스도를 믿을 때에 주신 것과 같은 선물을 그들에게도 주셨으니 내가 누구이기에 하나님을 능히 막겠느냐 하더라(행 11:15-17)

베드로는 당시의 상황이 오순절 날 자신들이 성령의 충만함을 받았던 상황과 동일했다고 말합니다. 고넬료의 집에 있던 이방인들에게도 성령의 불이 임한 것입니다. 성령이 임하자 고넬료 집의 사람들은 방언을 하고 하나님을 높였습니다.

> 그들이 이 말을 듣고 잠잠하여 하나님께 영광을 돌려 이르되 그러면 하나님께서 이방인에게도 생명 얻는 회개를 주셨도다 하니라(행 11:18)

베드로를 비난하던 사람들은 모든 이야기를 들은 후 이방인에게도 구원이 임한다는 사실을 깨닫고 하나님께 영광을 돌렸습니다.

> 오직 성령이 너희에게 임하시면 너희가 권능을 받고 예루살렘과 온 유대와 사마리아와 땅 끝까지 이르러 내 증인이 되리라 하시니라(행 1:8)

백부장 고넬료 사건은 사도행전 1장 8절의 예언이 성령의 권능으로 성취되어 가는 과정입니다. 복음이 예루살렘과 온 유대와 사마리아를 거쳐 마침내 땅끝까지 전파되는 마지막 성취의 첫걸음을 떼는 것입니다. 이로써 이방인들에게 최초로 복음이 전해지고 구원이 이루어졌습니다. 하나님께서 죽은 자 가운데서 다시 살리신 예수 그리스도의 이름을 힘입어, 이제 누구든 예수 그리스도를 믿으면 구원을 받고 죄사함을 받는다는 복음이 고넬료를 통해 이방인들에게 전파되기 시작한 것입니다. 이제 이방인에게도 구원의 문이 활짝 열리게 되었습니다. 이방인들에게 열린 구원의 역사가 우리나라에까지 전파되어 오늘날 우리도 구원받아 하나님의 자녀가 된 것입니다.

땅이 좋으면
풍성한 열매를 거둔다

예수님은 성도들의 신앙을 씨 뿌리는 비유를 통해 말씀하셨습니다. 씨 뿌리는 비유는 신앙의 유무, 빈부 귀천, 남녀노소를 막론하고 모든 사람에게 적용되는 말씀입니다.

> 그런즉 씨 뿌리는 비유를 들으라 아무나 천국 말씀을 듣고 깨닫지 못할 때는 악한 자가 와서 그 마음에 뿌려진 것을 빼앗나니 이는 곧 길가에 뿌려진 자요 돌밭에 뿌려졌다는 것은 말씀을 듣고 즉시 기쁨으로 받되 그 속에 뿌리가 없어 잠시 견디다가 말씀으로 말미암아 환난이나 박해가 일어날 때에는 곧 넘어지는 자요 가시떨기에 뿌려졌다는 것은 말씀을 들으

나 세상의 염려와 재물의 유혹에 말씀이 막혀 결실하지 못하는 자요 좋은 땅에 뿌려졌다는 것은 말씀을 듣고 깨닫는 자니 결실하여 어떤 것은 백 배, 어떤 것은 육십 배, 어떤 것은 삼십 배가 되느니라 하시더라(마 13:18-23)

좋은 씨는 좋은 땅에 뿌려져야 풍성한 열매를 맺을 수 있습니다. 아무리 씨가 좋아도 땅이 나쁘면 풍성한 수확을 거둘 수 없습니다. 씨 뿌리는 비유에서 씨는 하나님의 말씀이며 땅은 사람의 마음입니다. 하나님의 말씀을 받아들이는 사람들의 반응이 그들의 신앙 수준입니다.

먼저 길가에 뿌려진 씨가 있습니다. 씨가 길가에 뿌려지면 새가 와서 쪼아 먹기 때문에 종자도 찾지 못합니다. 이 비유는 하나님의 말씀을 들어도 사탄의 방해로 말씀을 깨닫지 못하는 것을 말합니다.

또한 돌밭에 뿌려진 씨가 있습니다. 씨가 돌밭에 뿌려지면 흙이 얕기 때문에 비록 싹은 나지만 금방 말라 죽습니다. 이 비유는 말씀으로 은혜 받고 잠시 기뻐하지만 환란이나 핍박이 오면 낙심하는 신앙입니다. 성도는 세상의 일, 땅의 일, 육신의 일 때문에 넘어져서는 안 됩니다. 사람의 자존심, 기분, 감정 때문에 교회를 떠나서는 안 됩니다. 이런 모든 일들은 하나님을 온전히 믿지 못하기 때문에 일어나는 것입니다.

> 예수께서 한 곳에서 기도하시고 마치시매 제자 중 하나가 여
> 짜오되 주여 요한이 자기 제자들에게 기도를 가르친 것과 같
> 이 우리에게도 가르쳐 주옵소서(눅 11:1)

예수님의 제자 중의 한 사람이 예수님께 기도를 가르쳐 달라
고 부탁합니다. 당시에는 각 신앙 공동체마다 자기들의 정체성
을 담고 있는 기도문이 있었습니다. 예수님의 제자들도 하나님
나라를 소망하는 기도문을 원했던 것입니다.

> 그러므로 너희는 이렇게 기도하라 하늘에 계신 우리 아버지
> 여 이름이 거룩히 여김을 받으시오며 나라가 임하시오며 뜻
> 이 하늘에서 이루어진 것같이 땅에서도 이루어지이다 오늘
> 우리에게 일용할 양식을 주시옵고 우리가 우리에게 죄 지은
> 자를 사하여 준 것같이 우리 죄를 사하여 주시옵고 우리를 시
> 험에 들게 하지 마시옵고 다만 악에서 구하시옵소서 (나라와 권
> 세와 영광이 아버지께 영원히 있사옵나이다 아멘)(마 6:9-13)

예수님은 제자들에게 하나님 나라, 즉 천국을 소망하는 기도
의 모범을 가르쳐 주셨습니다. 그것이 바로 주기도문입니다. 예
수님은 제자들에게 '시험에 들지 말 것'과 '악에서 구하여 주실
것'을 하나님께 기도하라고 말씀하셨습니다. 어떤 경우에도 시

험에 들거나 악에게 져서 하나님을 떠나지 않도록 간구해야 합니다. 잠시 스쳐 지나가는 세상의 일 때문에 하나님의 품을 떠나서는 안 됩니다.

예수님은 우리의 기분이나 자존심과 맞바꿀 만큼 하찮은 분이 아닙니다. 구원은 어떤 이유로도 잃어버려서는 안 되는 소중한 하나님의 선물입니다.

예수님은 길가와 돌밭에 이어 가시밭에 뿌려진 씨를 비유로 말씀하셨습니다. 가시밭에 뿌려진 씨는 가시의 기운에 막혀 자라지 못하고 열매 맺지 못합니다. 이 비유의 말씀은 세상의 염려와 재물의 유혹에 말씀이 막혀 결실하지 못하는 신앙을 의미합니다. 하나님의 말씀에 은혜를 받고 믿음을 굳게 세웠지만 세상 근심과 염려를 떨쳐 버리지 못하는 신앙이 여기에 속합니다. 이런 사람들은 믿음이 있는 것 같지만 재물의 유혹이나 욕심 앞에서 흔들립니다. 하나님의 말씀을 받았지만 세상의 염려와 물질 앞에 넘어집니다. 말씀에 큰 은혜를 받다가도 십일조와 헌물을 강조하면 시험에 들고 불평합니다.

> 한 사람이 두 주인을 섬기지 못할 것이니 혹 이를 미워하고 저를 사랑하거나 혹 이를 중히 여기고 저를 경히 여김이라 너희가 하나님과 재물을 겸하여 섬기지 못하느니라(마 6:24)

온전한 신앙인은 하나님의 말씀과 세상의 물질을 겸하여 섬기지 않습니다. 하나님의 말씀을 소중히 여기는 성도는 결코 세상의 물질이나 염려로 넘어지지 않습니다. 성도는 범사에 담대하여 두려움과 근심이 없어야 합니다.

> 이는 내게 사는 것이 그리스도니 죽는 것도 유익함이라 그러나 만일 육신으로 사는 이것이 내 일의 열매일진대 무엇을 택해야 할는지 나는 알지 못하노라 내가 그 둘 사이에 끼었으니 차라리 세상을 떠나서 그리스도와 함께 있는 것이 훨씬 더 좋은 일이라 그렇게 하고 싶으나 내가 육신으로 있는 것이 너희를 위하여 더 유익하리라(빌 1:21-24)

사도 바울의 삶은 오직 예수님뿐이었습니다. 바울은 예수님을 위해 죽는 것이 유익이라고 말합니다. 더불어 사는 것 역시 한 사람이라도 더 구원을 얻게 하는 것이기에 유익이라고 말합니다. 예수님만 바라보는 신앙인에게는 죽음조차도 두려움이 될 수 없습니다.

마지막으로 좋은 땅에 떨어진 씨앗의 비유는 말씀을 깨닫고 순종하며 살아가는 신앙의 모습을 말합니다. 좋은 땅에 떨어진 씨는 하나님이 기뻐하시는 신앙의 모습입니다. 좋은 열매를 풍성히 맺어 성도들에게도 칭찬받는 신앙의 모습입니다. 이런 신양인은 범사에 백 배, 육십 배, 삼십 배 이상 결실합니다. 하나님의 말씀을 믿음으로 받아 순종하는 삶에는 놀라운 축복이 넘쳐납니다. 언제나 하나님의 뜻에 합당한 간구를 하여 응답을 받게 됩니다.

> 이로써 그리스도를 섬기는 자는 하나님을 기쁘시게 하며 사람에게도 칭찬을 받느니라(롬 14:18)

좋은 땅에 해당되는 신앙은 직분이나 연조에 비례하지 않습니다. 모태 신앙이라 해도 길가와 같은 사람이 있습니다. 오랜 세월 교회에 출석했음에도 돌밭과 같은 사람이 있습니다. 직분자이면서도 가시떨기와 같은 사람이 있습니다. 이런 사람들은 길가, 돌밭, 가시떨기 같은 마음을 말씀과 성령으로 기경해야 합니다. 마음속에 있는 악성, 독성, 죄성을 말씀과 성령으로 제거해야 합니다. 하나님의 은혜로 내 마음에 박혀 있는 돌멩이를 빼내고, 가시덤불을 뽑아 내야 합니다. 길가에 떨어진 씨, 돌밭과 가시떨기에 떨어진 씨는 열매를 맺지 못하기 때문입니다. 좋은 땅이 되어야만 풍성한 열매를 맺을 수 있습니다.

사도행전 10장에서는 일관되게 고넬료의 신앙을 좋은 땅이라고 말합니다. 고넬료에게는 언제나 경건, 경외, 구제, 기도, 의인이라는 수식어가 따라다닙니다. 고넬료는 비록 이방인이었지만 말씀의 씨를 풍성히 열매 맺게 하는 좋은 땅이었습니다.

> 베드로가 입을 열어 말하되 내가 참으로 하나님은 사람의 외
> 모를 보지 아니하시고 각 나라 중 하나님을 경외하며 의를 행
> 하는 사람은 다 받으시는 줄 깨달았도다(행 10:34-35)

'외모를 보지 아니하신다'라는 말은 하나님의 구원에는 유대인과 이방인의 구별이 없다는 뜻입니다. 유대인들은 전통적으로 아브라함의 후손이요 모세 율법을 소중히 지키는 사람들입니다. 유대인들은 하나님께서 자기들만 선택하시고 축복하신다는 선민의식에 사로잡혀 있었습니다. 랍비들은 '이방인이란 지옥의 화덕에서 땔감으로 쓰기 위해 지음을 받았다'고 가르쳤습니다. 고넬료의 집에 임한 성령 사건은 유대인들의 잘못된 선민의식을 깨뜨렸습니다. 하나님의 구원은 민족과 혈통을 초월한다는 것을 보여 주었습니다. 구원의 은혜는 사람의 신분이나 인종을 뛰어넘어 하나님을 경외하고 믿음으로 행하는 모든 사람에게 임하는 것입니다.

하나님이 기억하는
성도와 가정을 세워라

　하나님이 기억하는 사람은 하나님을 경외하며 의를 행하는 사람입니다. 하나님의 말씀의 씨가 떨어져 풍성한 열매를 맺는 좋은 땅인 성령 충만한 성도를 하나님은 기억하십니다.
　하나님께 기억되길 원한다면 고넬료처럼 신앙생활을 해야 합니다.

> 예루살렘이여 내가 너의 성벽 위에 파수꾼을 세우고 그들로 하여금 주야로 계속 잠잠하지 않게 하였느니라 너희 여호와로 기억하시게 하는 자들아 너희는 쉬지 말며 또 여호와께서 예루살렘을 세워 세상에서 찬송을 받게 하시기까지 그로 쉬지 못하시게 하라(사 62:6-7)

　하나님은 자신의 약속을 믿고 끊임없이 노력하는 성도들을 기억하십니다. 하나님이 기억하시는 신실한 성도들의 삶에는 감사와 찬송이 넘쳐 납니다. 우리는 신령과 진정으로 하나님께 예배드려야 합니다. 최선을 다해 기도하고 전도하는 충성된 삶을 살아야 합니다. 언제나 주님의 이름으로 순종하는 믿음의 삶을 살아야 합니다. 우리는 하나님께서 약속하신 모든 축복을 다 이루시기까지 간구해야 합니다. 하나님께서 우리를 끝까지 기억하시도록 끊임없이 기도하고 선행하는 경건한 삶을 살아야 합니다. 그럴 때 반드시 하나님의 기적이 일어나게 될 것입니다.

> 우리가 너희 모두로 말미암아 항상 하나님께 감사하며 기도할 때에 너희를 기억함은 너희의 믿음의 역사와 사랑의 수고와 우리 주 예수 그리스도에 대한 소망의 인내를 우리 하나님 아버지 앞에서 끊임없이 기억함이니(살전 1:2-3)

사도 바울은 데살로니가 교회 성도들에게 편지하면서 "너희의 믿음의 역사와 사랑의 수고와 소망의 인내를 기억한다"고 말했습니다. 이 말씀을 유진 피터슨은 《메시지》에서 이렇게 풀어서 썼습니다.

> "우리는 기도할 때마다 여러분들을 기억하며 하나님께 감사드립니다. 여러분들이 믿음으로 행한 일들을 기억합니다. 여러분들이 사랑으로 행한 모든 수고를 기억합니다. 여러분들이 예수 그리스도 안에서 소망을 굳건히 지키는 모습을 기억합니다. 우리는 여러분들을 한순간도 잊지 않습니다. 우리는 여러분들을 꿈결에도 잊지 않습니다."

데살로니가 교회 성도들을 기억하며 하나님께 기도드리는 사도 바울의 마음에 감사와 기쁨이 넘쳐 납니다.

하나님은 신실한 사람들을 기억하십니다. 하나님은 경건하며 기도하고 구제하는 사람을 기억하십니다. 하나님은 히스기야의 간절한 통곡의 기도를 기억하셨습니다. 하나님은 경건한 신앙인 고넬료의 기도와 구제를 기억하셨습니다.

하나님이 기억하시면 반드시 기적이 일어납니다. 우리가 감히 상상할 수 없는 좋은 방법으로 응답해 주십니다. 우리에게 가장 합당할 때 하나님이 하늘 문을 여시고 복을 부어 주십니다.

고넬료가 하나님께 기억된 것과 같이 우리 교회와 성도들도 하나님께 기억되기를 바랍니다. 고넬료가 경건하여 하나님을 경외함과 같이 모든 성도들도 하나님을 경외하기를 바랍니다. 고넬료의 기도와 구제가 하나님께 기억되었듯이 우리 교회와 성도들의 헌신된 충성과 봉사가 하나님께 기억될 것을 믿습니다. 하나님께 기억됨으로 풍성한 은혜를 받아 자손 천대까지 누리는 아·이·야 신앙 가문을 세워 가는 우리 모두가 되기를 소원합니다.

네 믿은 대로 될지어다

보지 않고도 믿는 믿음은
복이 있다

예수 그리스도의 생애를 기록한 사복음서에는 예수님의 행적과 각종 치유 이적이 잘 나타나 있습니다. 예수님의 발길이 닿는 곳마다 치유와 기적의 역사가 일어났습니다. 예수님이 행하신 일들을 보면서 많은 사람들이 기이히 여기며 놀랐습니다. 그러나 예수님이 사람의 말을 듣고 기이히 여기며 놀란 경우는 거의 없습니다. 그런데 백부장의 말을 들으신 예수님은 그를 기이하고도 놀랍게 여기시며 감탄하셨습니다. 예수님이 놀랍게 여기신 믿음은 어떤 믿음입니까?

예수께서 들으시고 놀랍게 여겨 따르는 자들에게 이르시되
내가 진실로 너희에게 이르노니 이스라엘 중 아무에게서도
이만한 믿음을 보지 못하였노라(마 8:10)

백부장은 주 예수 그리스도의 권위를 높이 인정하고 믿는 절대적 믿음의 소유자였습니다. 그는 매우 겸손한 사람이며 자기 종을 친자식만큼 사랑하고 아꼈습니다. 그런 그가 왜 예수님을 만나러 왔을까요?

정부나 조직의 명령을 받고 한걸음에 예수님을 만나러 달려온 것이 아닙니다. 자기 자녀나 가족의 문제로 예수님을 찾아온 것도 아닙니다. 성공이나 진급 때문에 예수님께 달려온 것도 아

닙니다. 오히려 백부장이 예수님을 찾아간 사실이 밖으로 알려지면 신상에 불이익을 당할 수도 있습니다.

그러나 백부장은 예수님이 가버나움에 오셨다는 소문을 듣자마자 앞뒤 가리지 않고 예수님께 달려왔습니다. 예수님을 찾아간 그는 예수님께 자기 하인의 병을 고쳐 달라고 했습니다. 이는 절대적인 신뢰가 없다면 불가능한 요청입니다.

예수님은 백부장의 간청을 듣고 "내가 가서 고쳐 주겠다"고 하셨습니다. 그런데 백부장은 그런 예수님의 말씀을 듣고 기상천외한 말을 합니다.

> 백부장이 대답하여 이르되 주여 내 집에 들어오심을 나는 감당하지 못하겠사오니 다만 말씀으로만 하옵소서 그러면 내 하인이 낫겠사옵나이다(마 8:8)

당시 유대인들은 절대로 이방인들의 집에 들어가지 않았습니다. 이방인 역시 그런 일은 매우 꺼리는 이례적인 일입니다. 이것이 상식이고 전통입니다. 그래서인지 백부장은 예수님께 오직 말씀으로만 해달라고 했습니다. 그래도 하인이 낫겠다는 것입니다. 깜짝 놀랄 만한 고백입니다.

중풍병으로 죽어 가는 하인은 현장에 없었습니다. 예수님의 말씀을 들은 사람은 하인이 아닌 백부장이었습니다. 그럼에도 어떻게 백부장은 말씀으로만 해달라고 요청할 수 있었을까요? 백부장은 여기에서 한 걸음 더 나아가 이렇게 말합니다.

> 나도 남의 수하에 있는 사람이요 내 아래에도 군사가 있으니 이더러 가라 하면 가고 저더러 오라 하면 오고 내 종더러 이 것을 하라 하면 하나이다(마 8:9)

백부장은 높은 지위에 있는 권세자입니다. 그는 주인과 종, 권세 있는 자와 따르는 자의 차이를 분명히 알고 있는 사람입니다. 그런 그는 영적 세계에서 예수님의 권세가 얼마나 절대적인 힘인지 정확히 알고 있었습니다. 이는 보통 사람의 생각으로는 가당치 않은 말입니다.

요샛말로 보통사람과 평균이 맞지 않는 이야기를 하는 사람을 일컬어 4차원이라고 합니다. 비이성적이고 비상식적인 이야기를 하는 백부장은 그야말로 4차원입니다. 이렇듯 차원이 다른 그의 고백은 어디에서 나온 것일까요?

> 그러므로 내가 너희에게 알리노니 하나님의 영으로 말하는 자는 누구든지 예수를 저주할 자라 하지 아니하고 또 성령으로 아니하고는 누구든지 예수를 주시라 할 수 없느니라(고전 12:3)

성령이 아니고서는 그 누구도 예수를 주로 고백할 수 없습니다. 백부장이 4차원의 믿음으로 예수님께 종을 낫게 해달라 요청할 수 있었던 것은 하나님의 영이신 성령님이 그의 마음속에 임하셔서 감동하게 하고 믿음의 고백을 하게 한 것입니다. 이것이 바로 백부장의 믿음입니다.

영이신 예수님은 그 말을 들으시고 "네 믿은 대로 될지어다"라고 선포하셨습니다. 살아 계신 창조주 하나님이 나의 아버지이심을 믿으십시오. 이 사실을 믿는 사람은 백부장보다 더한 4차원의 영성을 지닌 사람이 될 수 있습니다.

> 십자가의 도가 멸망하는 자들에게는 미련한 것이요 구원을 받는 우리에게는 하나님의 능력이라(고전 1:18)

부활하신 예수님이 제자들을 찾아오셨습니다. 제자들은 부활하신 예수님의 말씀을 들었지만, 마침 그 자리에 도마는 없었습니다.

몇 시간 후 도마가 제자들이 모여 있는 곳으로 왔습니다. 도마는 그곳에서 부활하신 예수님의 소식을 듣게 됩니다. 그러나 도마는 그분이 진짜 예수님이 맞는지 믿을 수 없다고 했습니다. 다른 제자들은 예수님을 직접 보고 그분의 말씀을 들었다고 했지만, 도마는 제자들이 허상을 본 것이라고 생각했습니다. 그는 끝까지 직접 눈으로 예수님 손의 못 자국을 보고, 자신의 손가락을 그 못 자국에 넣어 보고, 주님의 옆구리에 손을 넣어 보지 않고는 부활을 믿지 못하겠다고 했습니다.

여드레 뒤 제자들이 다시 집 안에 모여 있을 때 또 한 번 예수님이 오셨습니다. 그때는 도마도 그 자리에 있었습니다. 예수님이 도마에게 말씀하셨습니다.

> 도마에게 이르시되 네 손가락을 이리 내밀어 내 손을 보고 네 손을 내밀어 내 옆구리에 넣어 보라 그리하여 믿음 없는 자가 되지 말고 믿는 자가 되라(요 20:27)

예수님의 모습을 본 도마는 이제야 "나의 주님이시요 나의 하나님이시니이다"라고 고백했습니다. 그러자 예수님이 이렇게 말씀하셨습니다.

> 예수께서 이르시되 너는 나를 본 고로 믿느냐 보지 못하고 믿는 자들은 복되도다 하시니라(요 20:29)

이천 년 전, 이 땅에 오신 예수님을 우리는 본 적도, 그 말씀을 직접 들은 적도 없습니다. 그럼에도 불구하고 기록된 하나님의 말씀을 그대로 믿을 때 역사와 기적과 응답이 임합니다.

태초에 말씀이 계시니라 이 말씀이 하나님과 함께 계셨으니 이 말씀은 곧 하나님이시니라(요 1:1)

말씀이 육신이 되어 우리 가운데 거하시매 우리가 그의 영광을 보니 아버지의 독생자의 영광이요 은혜와 진리가 충만하더라(요 1:14)

믿음으로 모든 세계가 하나님의 말씀으로 지어진 줄을 우리가 아나니 보이는 것은 나타난 것으로 말미암아 된 것이 아니니라(히 11:3)

하나님은 말씀하시는 분이십니다. 말씀이 곧 하나님이십니다. 이 세상 우주 만물이 보이지 않는 하나님의 말씀과 능력과 권세로 나타난 것입니다. 기독교는 말씀의 신앙입니다. 하나님의 말씀은 절대로 흩어지거나 사라지지 않습니다. 지금도 말씀을 믿고 순종하는 자에게 주님께서 친히 최종 결재를 해주십니다. 네 믿은 대로 될 것이라고 말씀하십니다. 기적의 기점은 하나님의 말씀입니다.

말씀을 믿을 때
생활과 마음과 인격이 변한다

우리 가정이 하나님의 위대하심과 선하심을 맛보며 체험하기를 원하십니까? 사랑받고 치료받고 복 받는 가정이 되길 원하십니까? 그렇다면 무엇보다 먼저 하나님의 말씀에 권세가 있음을 인정하기 바랍니다. 하나님의 말씀은 곧 하나님의 권능, 하나님의 능력입니다. 그 말씀이 육신이 되어 우리 가운데 오셨습니다. 그분이 독생자 예수 그리스도입니다.

하나님은 어제나 오늘이나 영원토록 말씀으로 일하십니다. 말씀으로 없는 것을 있는 것같이 부르시며 죽은 자를 살리십니다. 그런데 왜 말씀이 육신을 입고 이 세상에 오셔야 했습니까? 왜 말씀이 예수 그리스도라는 사람의 모습으로 나타나셨습니까?

이것이 기독교 신앙의 핵심입니다. 죄의 값은 사망입니다. 영적인 세계에만 해당되는 것이 아닙니다. 육신의 세계도 마찬가지입니다. 죄의 값이 사망이라는 말은 영과 혼과 육의 죽음을 의미합니다. 육신의 죗값을 누군가 청산해 주어야 합니다. 영적인 것으로는 육의 죗값을 청산할 수 없어 하나님의 말씀이 육신이 되어 우리 가운데 오셨습니다.

이 땅에 오신 예수님은 죄와 저주와 질병과 사망을 짊어지셨습니다. 내가 죽어야 마땅한데 예수님이 대신 죽으셨습니다. 내가 받아야 할 저주를 예수님이 대신 받으셨습니다. 예수님은 십자가에서 죽으시고 부활하심으로 우리 육체의 죗값을 깨끗이 청산해 주셨습니다. 나를 대신하여 서주를 받으시고 죽으신 예수님이 부활하셨습니다. 할렐루야!

이제 누구든지 주 예수 그리스도를 믿기만 하면 의롭다 함을 얻고 죄 사함을 받습니다. 하나님의 자녀가 되는 자격을 얻게 됩니다. 예수님을 믿는다는 것은 바로 이것을 믿는 것입니다. 예수님이 내 질병을 떠맡으시고 채찍에 맞으심으로 내가 나음을 입은 것을 믿는 것입니다. 예수님이 내 가난의 저주를 떠맡아 나로 부요하게 하심을 믿는 것입니다. 예수님이 나를 대신하여 죽으심으로 내게 하나님의 생명이 주어졌음을 믿는 것입니다.

그 예수님이 보혜사 성령으로 우리에게 오셔서 말씀으로 역사하고 계십니다. 성경 말씀을 로고스라고 합니다. 기록된 하나님의 말씀이라는 뜻입니다. 그러나 성경을 읽거나 설교를 들을 때 내 마음과 가슴과 영으로 들려지는 말씀이 있습니다. 이것을 레마라고 합니다. 기록된 하나님의 말씀에 성령이 임하면 그 말씀이 내 마음과 영혼에 들려집니다.

하나님의 말씀은 살아 있고 활력이 있어 좌우에 날선 어떤 검보다도 예리하여 혼과 영과 및 관절과 골수를 찔러 쪼개기까

지 하며 또 마음의 생각과 뜻을 판단하나니 지으신 것이 하나
도 그 앞에 나타나지 않음이 없고 우리의 결산을 받으실 이의
눈 앞에 만물이 벌거벗은 것같이 드러나느니라 (히 4:12-13)

　성경 말씀이 어떻게 살아 있고 운동력이 있습니까? 말씀에
성령이 임하면 그 말씀이 살아 있는 하나님의 말씀이 됩니다. 우
리는 성경말씀을 하나님의 말씀이라고 읽고 듣고 배웁니다. 그
러나 무슨 말씀인지 잘 이해되지 않을 때가 있습니다. 때로는 나
와 상관없는 어려운 말씀처럼 느껴지기도 합니다. 그러나 말씀
에 성령이 임하면 살아 있는 능력의 말씀이 됩니다.

　말씀을 들을 때 깨달아지고 하나님의 지혜와 능력이 임할 때
가 있습니다. 우리는 이럴 때 흔히 '은혜 받았다'라는 말로 표현
합니다. 같은 자리에서 똑같이 설교를 들어도 이해가 안 될 때가
있는가 하면 은혜 받을 때도 있습니다. 어떤 사람은 설교를 들으
면서 지루해 조는가 하면 어떤 사람은 오늘 말씀이 나에게 하는
말씀 같아 찔림을 받았다며 눈물을 흘리기도 합니다. 이는 하나
님의 말씀이 로고스가 아닌 레마가 된 것입니다. 이렇게 우리는
성령에 붙잡혀서 말씀으로 역사되어야 합니다.

　데살로니가 교회 성도들에게는 사랑의 수고가 넘쳐 났습니
다. 어려움 속에서도 절망하거나 낙심하지 않는 소망의 인내가
있었습니다. 그들에게는 고난 속에서도 불퇴전의 믿음으로 기

다릴 수 있는 힘이 있었습니다. 데살로니가 교회 교인들이 어떻게 이런 놀라운 믿음을 가질 수 있었겠습니까? 그 해답이 데살로니가전서 2장 13절에 기록되어 있습니다.

> 이러므로 우리가 하나님께 끊임없이 감사함은 너희가 우리에게 들은 바 하나님의 말씀을 받을 때에 사람의 말로 받지 아니하고 하나님의 말씀으로 받음이니 진실로 그러하도다 이 말씀이 또한 너희 믿는 자 가운데에서 역사하느니라(살전 2:13)

하나님의 말씀을 듣는 것만으로는 족하지 않습니다. 말씀을 믿음으로, 마음으로, 가슴으로 받아야 합니다. 요한계시록은 "귀 있는 자는 성령이 교회들에게 하시는 말씀을 들을지어다"라고 거듭 강조하고 있습니다. 데살로니가 교회 성도들은 바울의 말을 사람의 말로 듣지 않고 하나님의 말씀으로 받았습니다. 그럴 때 역사가 일어나고 기적이 일어납니다. "너희 믿는 자 가운데에서 역사하느니라"는 말씀을 새번역성경에서는 "이 하나님의 말씀은 또한, 신도 여러분 가운데서 살아 움직이고 있습니다"라고 했습니다. 하나님의 말씀을 한 귀로 듣고 한 귀로 흘려보내면 안 됩니다. 하나님의 말씀이 우리 속에 살아 움직일 때 놀라운 은혜가 임합니다.

믿음이 있다고 하면서도 생활과 마음과 인격에 전혀 변화가 없는 사람들이 많습니다. 그러나 삶이 변화되지 않는 것은 믿음이 아닙니다.

어느 슈퍼마켓 주인은 가게를 찾는 손님들에게 가게 앞 교회에 새로 부임한 목사님 설교가 좋다면서 입에 침이 마르도록 칭찬했다고 합니다. 그러던 어느 날 한 손님이 주인에게 물었습니다.

"그 목사님이 지난주에는 어떤 설교를 하던가요?"

"글쎄요, 저는 몰라요. 장사하느라 교회에 갈 시간이 없었거든요."

"아니, 그럼 새로 오신 목사님 설교가 좋은 걸 어떻게 알았나요?"

"저 교회 다니는 사람들이 새 목사님이 오신 후부터 외상값을 아주 잘 갚거든요. 그리고 교인들의 표정이 달라졌어요. 교인들이 바뀐 걸 보면 설교를 잘하는 것 아닌가요?"

하나님의 말씀을 믿으면 생활과 마음과 인격이 반드시 변화됩니다. 삶에 역사가 일어납니다.

어느 날 예수님이 호숫가에서 설교를 하셨습니다. 말씀을 듣기 위해 예수님을 에워싼 사람들로 인산인해를 이뤘습니다. 그때 호숫가에 있는 작은 배가 예수님의 눈에 띄었습니다. 예수님은 배를 호숫가에서 조금 떼어 놓게 하시고 그 배에 앉아 말씀

235

을 시작하셨습니다. 예수님이 선포하는 하나님의 말씀은 호숫가에서부터 불어오는 바람을 타고 무리의 뒤쪽까지 전달되었습니다.

예수님이 설교를 마치시고 배를 유심히 살펴보았으나 어디에도 고기를 잡은 흔적이 없었습니다. 배의 주인인 시몬에게 예수님이 말씀하셨습니다.

> 말씀을 마치시고 시몬에게 이르시되 깊은 데로 가서 그물을
> 내려 고기를 잡으라(눅 5:4)

시몬이 대답했습니다.

> 시몬이 대답하여 이르되 선생님 우리들이 밤이 새도록 수고
> 하였으되 잡은 것이 없지마는 말씀에 의지하여 내가 그물을
> 내리리이다 하고 그렇게 하니 고기를 잡은 것이 심히 많아 그
> 물이 찢어지는지라 이에 다른 배에 있는 동무들에게 손짓하
> 여 와서 도와 달라 하니 그들이 와서 두 배에 채우매 잠기게
> 되었더라(눅 5:5-7)

시몬이라는 어부는 잔뼈가 굵은 사람입니다. 물결만 보아도 고기가 어디 있는지 가늠하는 베테랑이었습니다. 맑고 깨끗한

호수라 벌건 대낮에 그물을 내리는 어리석은 사람은 없습니다. 게다가 낚싯대조차 잡아본 적이 없는 목수의 아들인 예수의 말이니 무시하면 그만이었습니다. 오히려 자기 경험과 지식을 근거로 부질없는 행동이라고 만류할 수도 있었습니다.

그러나 시몬은 자기의 실전 경력이나 상식을 전혀 고집하지 않았습니다. 오직 말씀에 의지해서 순종의 그물을 내린 것입니다. 말씀대로 행하니 그물이 차고도 넘쳐 찢어질 정도로 엄청난 양의 고기가 잡혔습니다. 자기의 배는 물론 친구의 배까지 가득 채워지게 되었습니다. 이것이 예수를 주로 믿는 성도들의 믿음의 증거요 체험입니다.

구원과 축복은
스스로 믿는 자의 것이다

백부장의 이야기를 듣고 예수님은 말씀하십니다.

예수께서 들으시고 놀랍게 여겨 따르는 자들에게 이르시되 내가 진실로 너희에게 이르노니 이스라엘 중 아무에게서도 이만한 믿음을 보지 못하였노라 또 너희에게 이르노니 동서로부터 많은 사람이 이르러 아브라함과 이삭과 야곱과 함께 천국에 앉으려니와 그 나라의 본 자손들은 바깥 어두운 데 쫓

이스라엘 백성은 자신들만이 하나님께로부터 선택받았다는 선민의식을 가지고 있습니다. 그들이 믿는 하나님은 아브라함과 이삭과 야곱의 하나님입니다. 즉, 그들의 조상의 하나님입니다. 그들은 세상이 멸망해도 자신들은 하나님께서 직접 돌보아 주신다는 확고한 신앙을 갖고 있습니다.

이스라엘 백성은 하나님께서 친히 써 주신 십계명을 모세를 통해 받은 특별한 민족이라는 자긍심이 정말 남다릅니다. 이방인들이 제아무리 윤리와 도덕을 말해도 하나님의 심판 때가 오면 그들은 이방인이라는 사실 하나만으로도 반드시 멸망한다고 여겼습니다. 유대인들은 아브라함의 후손이라는 이유만으로 구원받는다고 생각했습니다.

이런 유대인들에게 예수님이 말씀하셨습니다. 동서로부터 많은 사람들이 와서 아브라함과 이삭과 야곱의 자리에 앉아서 천국에 들어갈 테지만, 나라의 본 자손, 곧 자기를 아브라함의 후손으로 여기는 사람들은 버림을 받게 된다는 것입니다. 유대인들은 예수님의 말씀에 충격을 받았습니다. 이 일과 말이 예수님이 십자가에서 죽게 된 이유이기도 합니다.

부모님이 예수님을 잘 믿는다고 해서 그 자녀들이 천국 가는 것이 아닙니다. 교회 안에서의 명성이나 유명세로 천국에 갈 수 있는 것도 아닙니다. 개개인이 예수 그리스도를 구주로 영접하고 그 이름을 부르며 거듭나야 구원을 받고 하나님의 자녀가 되는 것입니다. 예수님의 말씀이 바로 이런 의미입니다.

예수님을 믿고 구원받는 일은 혈통, 민족, 문화, 종교, 철학과는 아무 상관이 없습니다. 예수님을 영접하는 자 곧 그 이름을 믿는 자들만이 하나님의 자녀가 되는 것입니다. 세상의 이치로는 김 씨 성을 가진 사람이 자식을 낳으면 김 씨 성을 물려받는 것이 당연합니다. 그러나 하나님 나라는 전혀 별개입니다.

부모의 믿음과 직분으로, 헌신과 충성으로 자녀들이 천국에 가는 것이 아닙니다. 교회 안에서의 직분도 아무런 영향력을 끼칠 수 없습니다. 명목상 기독교인이라고 해서 구원받고 천국 가는 것은 더더욱 아닙니다. 예수님을 구주로 고백하는 자만이 믿음으로 구원을 받습니다.

이 하나님의 말씀은 마음으로 심각하게 받아들여야 할 내용입니다. 내 가족과 자녀들의 구원을 위해 불철주야 기도하기 바랍니다. 탈선 직전의 기차에 올라탄 심정으로 강청하십시오. 거센 불길 속에서 내 가족을 데리고 불길을 헤쳐 나와야 한다는 위기감을 갖기를 바랍니다. 자녀와 가족들의 구원을 위해 생명을 걸고 기도하는 부모가 되어야 합니다.

유진피터슨의 《메시지》는 마태복음 8장 12절을 이렇게 번역해 놓았습니다.

"믿음 안에서 자랐으나 믿음이 없는 사람들은 무시당하고 은혜에서 소외된 자들이 되어, 이게 어찌된 일인지 의아해 할 것이다."

기독교 집안에서, 믿음의 분위기 속에서 자랐다고 해서 믿음이 계승되지 않습니다. 집안과 분위기만으로 믿음을 전수할 수는 없습니다. 그렇기 때문에 우리는 반드시 아·이·야 신앙 가문을 세워야 합니다.

마지막 때에 하나님께서 우리를 부르십니다. 부르신 그곳으로 부모의 옷자락을 잡고 믿음의 자녀들이 천국에 들어가려고 합니다. 그때 천사들이 그들의 앞을 막아섭니다. 부모는 천국에 들어가나 자녀들은 바깥 어두운 곳으로 쫓겨납니다. 예수님이 친히 하신 말씀입니다.

아브라함의 하나님, 이삭의 하나님, 야곱의 하나님, 나의 하나님이라는 말은 혈통으로 유전된 것이 아닙니다. 믿음으로 아·이·야 신앙 가문을 이뤄가야 합니다. 오직 믿음으로 세워져야 합니다. 하나님의 무한하신 능력은 우리가 믿는 만큼 나타납니다. 온전히 믿으면 온전한 능력으로 나타납니다. 믿은 대로 되는 것, 그것이 바로 신앙의 원리입니다.

하나님은 반드시
응답해 주십니다!

_ 상계5교구 신현제 장로

결혼하고 얼마 지나지 않은 어느 날, 아내가 "나 오늘부터 교회에 나갈거야"라고 했습니다. 지금까지 한 번도 교회에 나가지 않던 사람이 갑자기 교회를 간다고 하니 별 생각 없이 그냥 무시해 버렸습니다. 그러나 저희 아내는 큰아이를 등에 업고 여의도순복음교회에 출석하기 시작하였습니다.

당시 우리 가족과 처가는 모두 철저한 불교 가정이었습니다. 지금은 예수 믿고 모두 구원을 받았지만 그 당시 저희 아내를 제외하고 교회 다니는 사람이 가족 중에 한 사람도 없었습니다.

1986년, 우리는 마포구로 이사를 하게 되었는데, 이웃에 여의도순복음교회에 다니는 권사님이 계셔서 자주 놀러 왔습니다. '저 할머니가 왜 자꾸 우리 집에 오지?' 하는 생각을 하고 있었는데, 하루는 그분이 제게 "애기 아빠, 교회에 한번 나가 보지 않을래?" 하며 넌지시 말을 건네셨습니다. 어머니 같은 분이 말씀하시는데 안 간다고 할 수도 없어서 아무 대꾸도 못 하고 듣고

만 있었습니다.

그러기를 여러 차례, 교회에 대한 이야기를 한 번도 안 꺼내던 아내까지 권사님과 합세하여 저를 적극적으로 설득하고 나섰습니다. 권사님이 매일 와서 이야기를 하니 거절하는 것도 쉽지 않았습니다. 아내도 죽은 사람 소원도 들어 준다는데 교회 한 번 가 보는 것이 뭐가 그렇게 어렵느냐고 애원을 하니 '그래 한 번 가 보자' 하는 마음으로 권사님의 인도를 받아 제 아내와 아이들과 함께 교회 버스를 타고 난생 처음 교회에 출석하게 되었습니다.

사람이 많아 가는 첫날부터 의자에 앉지도 못하고 통로에 신문지를 깔고 앉아 예배를 드렸습니다. 성경 말씀은 무슨 말인지 이해할 수 없었고, 세상적인 얘기만 제 귀에 쏙쏙 들어왔습니다. 설교가 끝난 후 가만히 생각을 해보니 그래도 유익한 말씀이 더러 있었습니다. 그 이후에도 믿음이 있거나, 생겨서가 아니라 권사님 보기가 미안해 교회에 출석하곤 했습니다.

3년이 지나면서 제 삶의 환경이 크게 변하기 시작했습니다. 별 생각 없이 신청한 아파트 분양에 당첨되어 내 집을 갖게 되었고, 직장도 옮겨 삶이 더욱 윤택해졌습니다. 그러나 저의 생활은 여전히 큰 변화가 없었습니다. 주일에는 일이 있다고 예배를 빠지고 등산을 가거나 다른 볼일을 봤습니다. 그런 식으로 징검다리 건너듯 교회에 출석하였습니다.

당시 사이비 종교 문제가 연일 언론에 보도되며 사회적 물의를 빚고 있을 때였는데, 공교롭게도 아내가 이때부터 새벽기도를 나가기 시작했습니다. 1년 365일 비가 오나, 눈이 오나 하루도 빠짐없이 새벽 4시에 일어나 교회에 나가 7시경에 집에 돌아왔습니다. 낮에는 전도하고 심방한다고 돌아다녀 집에 붙어 있는 시간이 거의 없고, 철야예배다 뭐다 해서 아내 얼굴 볼 시간이 없을 정도로 교회 일에 빠져 있었습니다. 이때 저는 제 아내도 예수에 미쳐서 아이들과 가정을 분토같이 버리는 것이 아닌가 하는 강한 의구심과 불안감이 생기기 시작했습니다. 그래서 아내한테 주일예배에 가는 것은 좋은데 새벽기도는 다니지 말라고 강력하게 이야기를 했습니다. 그런데 아내는 제 말에 아랑곳하지 않고 더욱 열심히 새벽기도를 다니는 것입니다.

전 다음날부터 아내가 새벽기도를 가면 집 현관문을 아예 잠가 버리고 아내를 문 밖에 세워 놓곤 했습니다. 추운 겨울, 새벽 영하 10도 이상 내려간 매서운 날씨에 복도에서 소리를 치며 문을 열어 달라고 애원을 해도 절대 열어주지 않았습니다. 그뿐 아니라 아내의 성경책을 빼앗아 창문 밖으로 집어던지기도 했습니다. 그러나 제 아내는 조금도 굴하지 않고 더욱 열심히 새벽기도를 나갔습니다. 지금 생각하니 사탄이 저의 마음을 흔들어 제 아내의 믿음 생활을 방해했던 것 같습니다.

그러던 어느 날 새벽 꿈결에 이상한 소리가 들려와 가만히 눈을 떠 보니 아이들은 잠들어 있고, 거실 쪽에서 흐느끼는 아내의 울음소리를 듣게 되었습니다. 가만히 귀를 기울여 보니 저를 위하여 눈물로 기도를 하고 있었습니다. 온갖 핍박을 하고 있는 나를 위해 눈물로 기도하는 아내를 보는 순간 저도 모르게 뜨거운 눈물이 주르르 두 볼을 타고 흘러내렸습니다. 흐르는 눈물을 주체할 수 없어 이불을 뒤집어쓰고 울었습니다. 이때부터 굳게 닫혔던 마음의 문이 조금씩 열리고 서서히 변화의 바람이 불기 시작하였습니다.

그날 이후 아내가 새벽기도 가는 것에 대해 더 이상 의문을 달지 않았습니다. 십일조도 드리기 시작했습니다. 1998년에는 담임 목사님께 침례도 받았습니다. 그렇게 완악하고 강퍅했던 제가 긍정의 사람으로 바뀌어 갔습니다. 주님의 존재를 인정하며 제 구주로 영접하게 된 것입니다.

하나님께서 기도하는 아내를 통하여 저희 가정에 너무나 많은 은혜와 복을 주셨습니다. 어머니가 심근경색으로 쓰러져 병원에 계실 때도 아이들을 데리고 버스를 두 번씩이나 갈아타면서 병원에 가서 극진히 병간호를 하니, 아내의 정성과 사랑에 감동을 받아 불신자였던 어머니가 예수님을 영접하고 천국에 가셨고, 둘째 누나도 예수님을 믿고 천국 갔습니다. 자녀에 대한 축복도 주셨습니다. 저 또한 항상 기도하며, 가정예배로 하루를 마무리하는 가장으로 변화되기에 이르렀습니다.

하나님께서는 우리의 작은 신음에도 응답해 주십니다. 지금까지 구하지 않아서 못 받은 것뿐입니다. 혹시 지금도 남편의 불신앙 때문에 어렵고 힘든 분이 계십니까? 살아 계신 하나님을 믿고 인내하면서 기도하십시오. 하나님은 반드시 응답해 주십니다.

영혼 구원이 얼마나 급하고 중요한지 깨달았습니다.

어린 시절, 어머니께서는 매달 초하루만 되면 절에 가서 가족들을 위해 열심히 기도하셨습니다. 6살 때 크리스마스를 맞아 동네 친구들의 권면에 교회에 따라갔을 때도 어머니께서는 한 가정에서 두 개의 종교를 가지면 안 된다고 다시는 교회에 가지 말라며 어린 저에게 간곡하게 말씀하셨습니다. 부모님의 말씀에 순종하는 딸이었기에 저는 교회에 가지 않았습니다.

지금의 남편을 만나 결혼을 하고, 네 살 터울로 아들 하나 딸 하나를 낳고 행복하게 살던 어느 날이었습니다. 순복음노원교회 다니시는 집사님과 친분이 생겨 자주 왕래를 했는데, 그분이 제게 구역예배에 한번 가보지 않겠느냐고 요청했습니다. 1년간 핑계를 대며 거절하다가 하루는 구역예배에 참석하게 되었습니다. 그곳에 모인 분들이 반갑게 대해 주시고 아이들을 양육하는 경험을 가르쳐 주셔서 좋았고, 구역예배가 기다려졌습니다. 교회에 간 것도 아니니까 부모님의 말씀을 거역하는 것이 아니라고 생각했습니다. 그렇게 3년 동안 구역예배만 참석했습니다.

그러나 둘째 딸이 미술학원에 다니면서 여유시간이 많아지자 예배에 참석해 보자는 제안에 거절할 핑계가 없었습니다. 마음

도 조금씩 열렸습니다. 가끔 수요예배만 참석하던 제가 화요중
보기도회까지 가게 되었습니다.

남편은 제가 주일성수를 처음 시작했을 때 "네가 열심히 교회
에 나가면 내 손에 장을 지지겠다"라고 말했습니다. 그런 남편
이 6개월 이상 두 아이를 데리고 빠짐없이 주일에 교회에 나가
는 제 모습을 보고, 또 제가 남편의 구원을 위해 눈물 흘리며 기
도하는 모습을 보고 마음에 변화가 왔었나 봅니다. 남편은 별말
없이 우리를 따라 교회에 왔습니다. 그뿐만 아니라 남성구역예
배에도 참석하며 믿음이 자랐습니다. 그해 가을에는 성령세례
도 받았습니다. 남편의 구원으로 우리 가정은 예수님만 섬기는
온전한 가정이 되었습니다.

용기를 내어 친정 부모님에게 복음을 전하기로 결심했습니
다. 아버지 생신 때 친정 부모님을 저희 집으로 초대해서 정성을
다해 간절한 마음으로 기도하며 섬겼습니다. 부모님은 "그럼 너
희 교회 한번 가보자"라며 주일예배에 따라 나오셨습니다. 결신
시간에는 영접기도도 따라 하셨습니다.

얼마 후 친정어머니가 배가 살살 아프다고 하셨습니다. 병원
에서 검사한 결과 대장암 판정을 받으셨습니다. 6개월쯤 지났을
때 어머니는 가족들이 모여 있는 가운데 평안하게 소천하셨습
니다. 친정어머니의 질병과 갑작스런 죽음을 통해 영혼 구원이
얼마나 급하고 중요한지를 알게 되었습니다.

그러던 어느 날, 남편으로부터 시골에 계신 시어머님이 갑자기 쓰러지셨다고 전화가 왔습니다. 병원에 갔더니 급성폐렴인 것 같다고 큰 병원으로 가라고 해서 남양주에 있는 중형병원으로 이송을 했습니다. 그런데 '상세불명 패혈증'이라는 판정이 나왔습니다. 우리 부부는 "기도 외에 다른 것으로는 이런 종류가 나갈 수 없느니라"(막 9:29)는 말씀을 붙들고 기도하며 주님을 의지했습니다.

철야예배를 드리는데 병원에서 시어머니가 위독하다는 전화가 왔습니다. 남편은 어머니의 오른손을, 저는 왼손을 붙잡고 기도하는데 갑자기 작년 가을에 돌아가신 친정어머니의 모습이 겹쳐 보였습니다. 시급하게 시어머니를 전도해야겠다는 마음이 들었습니다. 혹시나 친정어머니처럼 갑자기 돌아가실지도 모른다는 생각에 눈물이 났습니다.

시어머니의 상태가 어찌될지 몰라 시골로 내려가실 수 없는 시아버님을 우리 집으로 모셔왔습니다. 제가 아버님께 "교회에 같이 가실래요?" 하니 흔쾌히 그러겠다고 하셨습니다. 그날 아버님은 하나님을 영접하셨고, 교구장님께 기도도 받았습니다. 예배를 드린 후에 우리는 어머니를 보러 병원에 갔습니다.

놀랍게도 시어머니가 의식을 조금씩 회복하는 듯했습니다. 눈을 뜨고 저를 바라보시기에 저는 어머니의 손을 잡고 간곡히 말씀드렸습니다. "어머님, 예수님 믿고 구원을 받아야 천국에서 다시 만날 수 있어요"라고 구원에 대해 말씀드리자 알겠다고 고개를 끄덕이셨습니다.

다음날 중환자실 면회를 갔더니 시어머니께서 침대에 앉아계셨습니다. 열은 조금 나지만 회복이 빠르다고 했습니다. 다행히 다음날 일반 병실로 옮길 수 있었습니다. 정말 기적 같은 일이 일어난 것입니다. 이틀 후에 어머니는 퇴원하셨고 저희 집으로 모셨습니다. 어머니는 주일 1부 예배 때 예수님을 영접하셨습니다. 우리 교회의 목표대로 우리 집안도 아·이·야 신앙 가문을 이루기를 기도해 왔는데 드디어 이날 하나님께서 그 꿈을 온전히 이루어 주셨습니다.

예수님을 만나고 나서는 할 수 있을 때마다 가정예배를 드립니다. 저는 성적에 연연하지 않고 아이들이 무엇이든 최선을 다할 수 있도록 믿고 바라봐 주는 엄마로 변했습니다. 아이들은 행복하다고 말합니다. 사춘기도 없이 온 가족이 소통하는 행복한 가정 천국을 이루었습니다.

큰아이는 친구를 전도해서 침례까지 받았습니다. 누가 시킨 것도 아닌데 주보를 보고 스스로 찾아가 그 친구와 함께 장애인선교회 수련회 기간 동안 봉사도 했습니다. 하나님께 감사했습니다.

딸아이는 제가 성지순례나 멀리 장례식을 갈 때, 혹은 전도여행을 갈 때, 엄마를 대신해서 오빠가 학교에 늦지 않도록 깨워 주고 맛있는 음식을 해서 같이 먹는 살림꾼입니다. 더 기특한 건 친구들을 전도해서 전도상을 받은 것입니다. 자녀들이 하나님을 더욱 경외하고 이웃을 사랑하며 건강하고 당당한 모습으로 자라서 그리스도인으로서 영향력 있는 삶을 살기를 늘 기도합니다.

모든 상황에 합력하여
선을 이루시는 하나님

_중계교구 이경희 지역장

    저는 예수님을 믿는 것이 너무나 어려웠습니다. 타 종교에서 30여 년 가까이 신앙생활을 하다가 종교를 바꾸어서 그런지 쉽게 믿어지지 않았습니다. 마땅한 기도제목조차도 없었습니다. 사는 데 불편함이 없었기 때문입니다. 그래도 욕심은 많아서 축복해 달라고 기도했던 것 같습니다.

    어느 날 샤워를 하는데 가슴에서 멍울이 만져졌습니다. 동네 병원에서 검사를 받았습니다. 의사는 제거수술만 하면 된다고 했습니다. 수술 날짜를 예약했지만 마음이 불안했습니다. 당시 교구장님이었던 전도사님께 말씀을 드렸더니 큰 병원에서 다시 검사를 받아 보라고 했습니다.

    종합병원에서 조직검사를 받았습니다. 결과는 암이었습니다. 하늘이 무너지는 것 같았습니다. 죽음이 바로 눈앞에 와 있는 것만 같았습니다. 병원에서는 10명 중 3명이 살 수 있는 확률이라고 했습니다.

    수술 결과, 우려와 달리 심각한 암은 아니었습니다. 6개월간 항암치료를 했습니다. 항암주사를 맞으니 많이 힘들었습니다. 기운도 없고 속도 메스껍고 어지러워서 일어날 수가 없었습니다. 그때부터 하나님을 찾기 시작했습니다. 모든 예배를 드렸고, 열심히 작정기도를 드렸습니다.

하나님께서는 "안심하라 너희 중 아무도 생명에는 아무런 손상이 없겠고 오직 배뿐이리라"(행 27:22)는 말씀으로 위로해 주셨고, 저희 지역 식구들은 저를 위해 많은 눈물의 기도와 헌신을 해주었습니다.

죽음을 목전에 두고 수술을 하니, 모든 사람들이 예수님을 믿어야 한다는 생각이 들었습니다. 그때부터 사람들을 만날 때마다 전도를 하기 시작했습니다. 가족들에게 전도를 한 것은 당연했습니다. 아픈 막내딸 때문에 가슴앓이를 하던 친정어머니도 40년 넘게 다니던 절을 떠나 교회에 다니기 시작했습니다. 곧이어 남편과 아이도 교회에 출석하게 되었습니다.

남편은 온유하고 성실하며 불쌍한 사람을 긍휼히 여길 줄 아는 착한 사람입니다. 남편은 정년이 3년 정도 남아 있을 때 회사를 떠나게 되었습니다. 20여 년 동안 몸 바쳐 젊음을 불살랐던 직장을 그만두게 되면서 마음에 조급함이 있었는지, 많은 돈을 잘못 투자하여 경제적으로 큰 어려움을 겪게 되었습니다. 부모님께 하루에 한 번씩 전화 드리고 안부를 묻던 효자 아들이 곤경에 처하자 전화를 드리지 않았나 봅니다. 갑자기 연락이 뜸해지자 시댁에서 걱정을 하기 시작했습니다.

그러던 중, 시어머니께서 아들이 회사를 그만두고 경제적인 어려움이 생긴 것을 알게 되었습니다. 그런데 이 문제가 교회 탓으로 옮겨 갔습니다. 사람들로부터 듣게 된 교회에 대한 부정적인 이야기들, 예를 들면 십일조나 헌금을 드리는 것, 교회에 자주 가서 가정에 소홀하지 않겠냐는 것 등을 말씀하시며 "정신 똑바로 차리고 살아라", "허튼짓 하지 말고 알뜰살뜰 살아야 된다"고 매번 말씀하셨습니다. 모두 영적 싸움인 것을 알았지만 억울하고 속상했습니다. 남편도 제 방패막이 되어 주지 못했습니다. 그나마 시아버지께서 제 편이 되어 주셨던 것이 위로가 되었습니다.

시아버지께서는 심장이 좋지 않아 대동맥우회술이라는 수술을 받으실 때 신앙고백을 하고 예수님을 영접하셨고 기도를 사모했습니다. 교회에 나가진 못했지만 예수님은 믿으셨습니다. 그런데 시아버지의 건강이 나빠졌습니다. 병원에서는 몸 어디선가 암이 전이되어 온 것이라고 했습니다. 하지만 온갖 검사를 해도 발병의 원인을 찾을 수 없었습니다. 아버님은 투병 중에 늘 큰아들인 남편을 찾으셨습니다. 새벽 2시가 되어야 집에 들어오는 남편을 아침저녁으로 두 번씩 불러 내어 당신 곁을 지키게 하셨고 가끔은 저를 찾기도 하셨습니다. 아버님은 결국 패혈증으로 천국에 가셨습니다. 아버님께서 임종하시는 순간 "아버님! 예수님 꼭 붙잡고 가세요"라고 말씀드리니 고개를 끄덕하셨습니다. 그렇게 아버님은 온 가족이 다 둘러 있는 가운데 평안히

숨을 거두셨고, 기독교 장례로 아름답게 마무리를 했습니다.

놀라운 일은, 아버님의 장례를 통해서 시어머니와의 관계가 회복되었습니다. 어머님과 전처럼 잘 지낼 수 있게 해주신 하나님 아버지께 감사를 드립니다.

달리다가 넘어져도 다시 벌떡 일어나 최선을 다해 달리는 사람에게 관중들은 박수를 보낸다고 유재필 목사님이 말씀하신 적이 있습니다. 이 모습이 바로 우리 가정의 모습임을 믿습니다. 우리 가정이 최선을 다해 사는 모습을 보시고 우리 시어머니도 곧 예수님을 믿고 교회에 나오셔서 아·이·야 신앙 가문을 이어가게 될 줄로 믿습니다.